THÜRINGEN

Kulinarische Streifzüge

Werner Herrmann

THÜRINGEN

Kulinarische Streifzüge

Mit 63 Rezepten,
exklusiv fotografiert
für dieses Buch
von
Hans Joachim Döbbelin

SIGLOCH
EDITION

Inhalt

Alleen begleiten hier noch viele Landstraßen und regen zum Reisen statt zum Rasen an. Ihre zauberhaft aneinandergereihten Obstbäume schmücken die Landschaft, die in anderen Teilen Deutschlands durch blanke Asphaltbänder zerschnitten wird.

Zur Abbildung auf Seite 2: Die Wartburg bei Eisenach ist sicher eines der am meisten besuchten Ziele inmitten von Deutschland. Wer sich in bald tausend Jahre Geschichte dieses Kulturdenkmals versenken will, ist fast nie allein.

Liebe Leser,

drei meiner Leidenschaften haben mich bewogen, dieses Buch zu schreiben. Die eine gilt unserem schönen Thüringen, nun wieder „deutsche Mitte“, die zweite dem Schreiben und eine dritte Essen und Trinken.

Aus dem Sächsischen stammend, bin ich seit dreißig Jahren in Thüringen zu Hause. Doch so langer Zeit hat es nicht bedurft, bis mir seine rauschenden Wälder und murmelnden Bäche, seine bunt leuchtenden Wiesen und Felder, seine lieblichen und herben Landschaften, die reiche Geschichte und viele bewahrenswerte Traditionen, Sitten und Bräuche ans Herz gewachsen sind. Immer mehr habe ich die Heimatliebe, das Traditionsbewußtsein, die Lebensfreude und Aufgeschlossenheit der Thüringer verstehen gelernt und sie selber liebgewonnen. Ihre Küche ist wesentlicher Teil ihrer Identität.

Sooft ich kann, genieße ich die Waldesluft und den Vogelgesang, die vielen Sehenswürdigkeiten der Natur und Architektur – nicht zuletzt die Freuden der Küche, die bis auf einige Ausnahmen einfach, reichhaltig und kräftig-rustikal ist. Wenn dieses Buch Ihr Küchenrepertoire bereichern kann, dann freue ich mich sehr. Ich wünsche Ihnen viel Spaß bei der Zubereitung und guten Appetit!

Werner Herrmann

DIE DEUTSCHE MITTE LEBT AUF

Auf der Erfurter Krämerbrükke über die Gera reiht sich Fachwerk an Fachwerk. Die Mehrzahl der Häuser birgt Läden für Antiquitäten und Kunsthandwerk. Ein vergleichbares Bauwerk findet sich erst wieder südlich der Alpen – in Florenz oder Venedig.

Thüringen lebt wieder, und es lebt auf. Vier Jahrzehnte lang zergliedertes Randgebiet der einen, untergegangenen Republik, ist das Bundesland Thüringen nun Mitte der geeinten Republik. Das „grüne Herz Deutschlands“ kann wieder schlagen. Ihr Gutes hat diese geographische Mitte ganz gewiß für das Land. Wer den Landweg wählt, ob von Nord nach Süd oder von West nach Ost – gleich in welcher Richtung der Windrose –, muß hier durch. Das macht die Mitte zu einem Markt par excellence, auch kulinarisch.

In den Hotels und Restaurants, an den Imbißbuden, Wein- und Bierständen, auf den Märkten und in den Wirtshäusern, in den Städten und Dörfern werben bayerische Biere, westfälische Fleisch- und Wurstdelikatessen, Moselweine, diverse Spezereien aus aller Herren Bundesländern um die Gaumengunst der Leute. Denen mag's recht sein. Die Thüringer selbst sagen: „Mal was anderes – aber zu Hause schmeckt es eben doch am besten.“ Unseren Gästen jedoch wollen wir in Thüringen auch thüringisches Essen und Trinken servieren.

Wie stellt die thüringische Küche das an? Sie braucht im Grunde zu dem vielen, was sie zu bieten hat, nur noch eine ganz wichtige Zutat: Selbstbewußtsein. Sie braucht das Selbstbewußtsein etwa jener deutschen Regionalküche, die den „Saumagen“ auch den allerprominentesten Gästen vorsetzt und doch deren Zuspruchs sicher sein kann.

Gründe genug für ein ausgeprägtes Selbstbewußtsein bieten sich den Thüringern allein aus dem Wissen um das Land – um seine Geschichte und Traditionen, seine Sitten und Bräuche, seine Vorzüge – nicht zuletzt jene seiner Küche.

Es ist das, was Herzog Ernst I. von Sachsen und Altenburg einst mit jenem in seinem Jagdschloß bei Kahla angebrachten Spruch pries: „Wen Gott lieb hat, dem baut er ein Haus in Thüringen.“ Überschwenglich, gewiß, aber es gibt die innige Verbundenheit der Thüringer mit ihrer Heimat schon treffend wieder.

Dieses Thüringen ist von alters her – und nun wieder – die wahrhafte deutsche Mitte. Die Krone seiner landschaftlichen Schönheit ist der Thüringer Wald. Weit über ihn hinaus erstrecken sich Thüringens Grenzen. Im Norden liegt nach dem Harz hin das fruchtbare Thüringer Becken, nach Südosten

hin die Fränkische Mulde, westwärts und südwestlich die Rhön und nach Osten Frankenwald, Elstergebirge, Vogtland und Elsteraue.
Mitte ist Thüringen nicht minder geschichtlich. Es war der zentrale Schauplatz von Völkerwanderung, Christianisierung, Reformation und Gegenreformation, von großen Reichs- und Kirchenversammlungen, von schwedischer Bedrängung im Dreißigjährigen Krieg und von der durch die Napoleonischen Heere am Beginn des 19. Jahrhunderts. Und Thüringen war die Kreuzung bedeutender Handelsstraßen von Ost nach West und von Nord nach Süd.

Nichts von dem, was die deutsche Geschichte geprägt hat, ließ Thüringen unberührt.
Thüringen schließlich als „geistige Mitte", auch das ist kein verwegener Anspruch. Das symbolträchtige Erfurt besaß eine der ältesten deutschen Universitäten. Im alten Erfordia wirkte der große Denker und Prediger des Mittelalters Meister Eckhart (um 1260–1328). Luther war hier Augustinermönch, Christoph Martin Wieland lehrte an der Universität. In Gotha veranschaulichen die Sammlungen im Schloßmuseum Friedenstein den Kunstsinn der Herzöge. In Eisenach, Johann Sebastian Bachs Geburts-

Der Domhügel von Erfurt beherrscht seit dem Mittelalter das „deutsche Rom", wie man die Stadt damals mit ihren 43 Kirchen und Kapellen sowie 36 Klöstern nannte. Vieles ist erhalten, und viel wird getan, damit auch künftig der Bummel durch die Altstadt zum Erlebnis wird.

Nächste Doppelseite: Vor diesem Panoramablick im Thüringer Wald bedarf der Ausdruck „grünes Herz Deutschlands" wohl keiner weiteren Erklärung.

„Über allen Gipfeln ist Ruh" – diese bekannten Verse verfaßte Goethe hier auf dem Kickelhahn bei Ilmenau mit seiner heute restaurierten Jagdhütte. Da der Dichterfürst neben Hohem und Hehrem durchaus auch irdischen Genüssen zugetan war, ließ er einmal während des Weimarer Zwiebelmarkts sein Fenster mit Zwiebeln dekorieren.

stadt, besuchte Martin Luther die Lateinschule. Auf der Wartburg übersetzte er die Bibel. Hier soll der Sage nach 1206/07 der Wartburgkrieg oder Sängerkrieg der berühmtesten Minnesänger der staufischen Zeit am Hofe des Landgrafen stattgefunden haben. Weimar, die Klassikerstadt, verdankt ihren Ruhm den Dichtern Goethe, Schiller, Herder und Wieland wie den Komponisten Bach und Liszt. Für die „geistige Mitte" steht aber auch die Zeiss- und Universitätsstadt Jena.
Schon immer haben die Thüringer begeistert ihr Land durchwandert, den Thüringer Wald, dessen Kamm steil nach oben steigt und wo die herabströmenden Bäche tiefe Täler und Schluchten gegraben haben. Hier genießt der Betrachter eine landschaftliche Schönheit nach der anderen. Oder auch im Schiefergebirge hinter der Linie Schleusingen–Gehren, am Rennsteig, im Saaletal, im Werratal oder im Ilmtal, nicht zuletzt im nordwestlich gelegenen Eichsfeld.
Und reich ist das thüringische Land an Sagen, in denen von Unholden und Kobolden, von Frau Holle, Frau Venus und dem Ritter Tannhäuser erzählt wird. Frau Holle soll den Thüringern das Kloßrezept geschenkt haben, um sie – wie man die Sage später ironisch deutete – für den sauren Saalewein zu entschädigen, den sie trinken mußten. Eine Sage aus dem Elstertal berichtet, daß die Bauern von Thieschitz ihren Ärger mit den Kobolden hatten, die ihnen das Brot stahlen. Bis die „von einem Pfaffen" empfohlene Kriegslist glückte: Die Dorfbewohner buken die den Zwergen verhaßten Gewürze Anis, Fenchel oder Kümmel in das Brot. Viele der Zwerge, die von solchem gestohlenen Brot aßen, wurden krank und starben, und im Zwergenreich erklang die Wehklage: „Fenchelbrot, unser Tod."
Das geflügelte Wort „Landgraf, werde hart" stammt vom Schmied von Ruhla, wo es schon im 11. Jahrhundert eine bekannte Waffenschmiede gab. Das Wort galt, so die Sage, dem zu nachgiebigen Landgrafen Ludwig II. Seine Nachgiebigkeit nutzten die Ritter, unter deren Drangsal bald ganz Thüringen stöhnte. Als Ludwig einmal dem Wild nachstellte, überfiel ihn die Nacht, und er bat den Schmied von Ruhla um ein Nachtlager. Der Schmied fragte, wer er sei, und Ludwig antwortete: „Ich bin ein Jäger des Landgrafen." Als der Schmied den Namen

Martin Luthers wird an vielen Stellen in Thüringen und Sachsen-Anhalt gedacht. Dieser Stein bei Ruhla ruft in Erinnerung, daß sein Landesherr ihn vor der Reichsacht oben auf der Wartburg in Sicherheit brachte.

Schmalkalden, Industriestadt am Südhang des Thüringer Waldes, zieht durch seinen weitgehend erhaltenen mittelalterlichen Stadtkern an. Während der Reformation schlossen sich protestantische Fürsten 1531 im Schmalkaldischen Bund gegen Kaiser Karl V. zusammen und führten später gar einen Krieg, der indes 1547 mit ihrer Niederlage endete.

des Landesherren hörte, spuckte er aus und sagte: „Pfui über ihn. Herbergen will ich dich, um deines Herren willen aber will ich dich nicht beherbergen." Der Schmied schmiedete mit dem Hammer das Eisen die ganze Nacht, und er sprach bei jedem Schlag: „Landgraf, werde hart. Werde hart wie dieses Eisen!" Dabei zählte er unzählige Freveltaten auf, während Ludwig wach im Schuppen lag. Als er am Morgen für die Herberge dankte, soll er den Schmied tatsächlich als ein anderer verlassen haben. Er sah in Thüringen überall nach dem Rechten und milderte den Druck, der auf dem Volk lastete.

Weil die Bauern von Laasdorf und Söllnitz einmal mehr Bier brauten, als ihnen für ihren Haustrunk erlaubt war, und sie damit die Rodaer Bevorrechtung verletzt hatten, führten die Rodaer mit Hilfe des Grafen von Reuß den „Rodaer Bierkrieg". Und in der Sage von den „Heiligenstädter Möhrenkönigen" lebt jene wackere Tat von ihnen fort, mit einer Möhre das Stadttor verriegelt zu haben, so daß es dem Anrennen der feindlichen Scharen standhielt.

So ist unser Land mit seinen Leuten und ihren unzähligen Geschichtchen und Histörchen, Märchen und Sagen.

Immer wieder lud Thüringen ein

Das an Bergen und Tälern, Schlössern, Burgen und Kirchen, an Schönheiten der Natur und der Architektur so reiche Land hat schon in seiner frühesten Geschichte die verschiedensten Völker und Stämme angelockt. Immer wieder luden die Löß- und Schwarzerdeböden des innerthüringischen Beckens und an der unteren Saale zur Besiedlung ein.
Um das Jahr 800 vor Christus, am Ende der späten Bronzezeit, kamen die Kelten. Sie brachten ihre hohe Kultur der Töpferei, der Metall- und Glasherstellung mit ins Land. Eintausend Jahre germanischer Geschichte, von 500 vor bis 500 nach Christus, schließen sich an. Gesichert scheinen, nach römischen Berichten, die Sueben im 1. Jahrhundert v. Chr., in den beiden ersten Jahrhunderten n. Chr. die Hermunduren. Sie drängten die Kelten immer weiter nach Süden zurück und stießen selbst gleichzeitig nach Osten vor. Aus den Sueben und den Hermunduren, aus Angeln und Warnen, die von Jütland heranzogen, sowie aus Chatten erwuchsen schließlich die Thüringer. Ihr Reich erstreckte sich vom Thüringer Wald bis zur Ohre-Niederung nördlich Magdeburg und zur Elbe im Osten, zeitweise – unter dem Thüringer König Herminafried, der 534 erschlagen wurde – bis zum oberen Main und zur Donau. Nach der Schlacht bei Burgscheidungen im Jahre 531 zerfiel das Thüringer Reich und kam an die Franken. Dieser Rest, das Kernland – die Gebiete nördlich des Harzes fielen an Sachsen, nördlich der Donau an Bayern –, wurde thüringische Grenzprovinz. Thüringen besaß somit damals bereits seine eigene Territorialgestalt, allerdings noch ohne die östlichen Saalegebiete. Dorthin drangen noch im 6. und 7. Jahrhundert slawische Stämme vor und faßten auch in einzelnen Gebieten Thüringens Fuß, so in Meiningen und in Erfurt. Erst im 10. Jahrhundert eroberten die Germanen die Gebiete zurück. Riesige Wälder und Sümpfe wurden gerodet und kultiviert, Burgen und Schlösser erbaut. Slawen verblieben im Lande, Schwaben und Friesen siedelten südlich vom Harz. Aber Kern der Thüringer blieben die älteren Volksgruppen. Denn die erste uns überlieferte Rechtsordnung der Thüringer (um 800) besagt: „Lex Anglorum et Werinorum, hoc est Thuringorum“ (das Recht der Angeln und Warnen ist das der Thüringer).

Hart an der Grenze zu Sachsen-Anhalt wurde 1896 auf dem erdaltertümlichen Gebirge des Kyffhäuser das gigantische Denkmal an Kaiser Friedrich I., Barbarossa, errichtet. Eigentlich könnte nach der politischen Entwicklung in Deutschland Barbarossa ja jetzt – oder auch Friedrich II., auf den die Sage ursprünglich gemünzt war – aufwachen und aus den Tiefen des Bergs auftauchen.

Nächste Doppelseite: Blick von der Wartburg über Eisenach, Geburtsort nicht nur Johann Sebastian Bachs (1685), sondern auch der Sozialdemokratischen Partei Deutschlands (1869).

Die für Deutschland typische, in Thüringen überspitzt ausgeprägte Kleinstaaterei ließe sich nur auf mehreren Landkarten darstellen. Denn es gab allzu viele Veränderungen zwischen 1572, als das Land in mehrere Herzogtümer aufgeteilt wurde, und 1920, als der Einheitsstaat Thüringen mit der Landeshauptstadt Weimar gebildet wurde. Die Aufteilung von 1952 in die drei Bezirke Erfurt, Gera und Suhl kann als Fortsetzung dessen gelten. Doch nach der Gründung des Bundeslandes Thüringen lebt jetzt ein hoffentlich dauerhafteres politisches Gebilde.

Nach dem Jahr 1000 übernahm das Geschlecht Ludwigs des Bärtigen die Macht über Thüringen. Aber erst 1130 wurde Thüringen Landgrafschaft und gelangte so zu einer einheitlichen Entwicklung. Im thüringischen Erbfolgekrieg (von 1247 bis 1263) fiel das Land an die Wettiner. Friedrich der Streitbare erwarb 1423 das Herzogtum Sachsen und damit die Kurwürde. Dessen Nachfolger, Wilhelm und Friedrich II. („der Sanftmütige"), stürzten Thüringen-Sachsen in einen Bruderkrieg. Die beiden Söhne von Friedrich dem Sanftmütigen, Ernst und Albrecht, vollzogen 1485 die sogenannte Leipziger Teilung. Das Land Thüringen und die Kurwürde erhielt Ernst. Albrecht bekam Meißen. Seitdem gibt es die Ernestinische und die Albertinische Linie des wettinischen Fürstenhauses. Als Martin Luther die Reformation vollzog, herrschte Friedrich der Weise. Kurz nach seinem Tode fuhr der Bauernkrieg durch das Land. Später folgte der Schmalkaldische Krieg. Was der Apotheker, spätere Hofbibliothekar und berühmte Autor des „Thüringer Märchenbuches" und des „Thüringer Sagenbuches" Ludwig Bechstein vor über 150 Jahren von Erfurt sagt, das betraf ganz Thüringen: „Hader, Kampf und Fehde nach allen Richtungen hin ziehen sich durch die ganze Geschichte … wie ein blutiger Faden."
Im Jahre 1572 wurde das Land in mehrere Herzogtümer gegliedert. Thüringen lieferte das Meisterstück deutscher Kleinstaaterei. Seine Landkarte glich einem bunten Durcheinander. 1802 kamen Erfurt und das Eichsfeld zu Preußen. Erfurt ist erst mehr als hundert Jahre später wieder in den thüringischen Verband zurückgekehrt. Die thüringischen Kleinstaaten traten 1866 dem Norddeutschen Bund bei und 1871 dem Deutschen Reich. Thüringen, das waren damals das Großherzogtum Sachsen-Weimar, die drei Herzogtümer Sachsen-Meiningen, Sachsen-Coburg-Gotha und Sachsen-Altenburg und die vier Fürstentümer Schwarzburg-Rudolstadt, Schwarzburg-Sondershausen, Reuß ältere Linie und Reuß jüngere Linie. Coburg schloß sich 1918 durch Volksentscheid Bayern an. Die verbliebenen thüringischen Staaten bildeten 1920 den Einheitsstaat Thüringen mit der Landeshauptstadt Weimar. Das Land Thüringen existierte nach dem Zweiten Weltkrieg noch bis 1952 mit Erfurt als

Hauptstadt. Dann wurde es widernatürlich in die drei Bezirke Erfurt, Gera und Suhl aufgeteilt. Und nun ist es wiedererstanden. Thüringens Geschichte im Zeitraffertempo. Sie läßt aber erkennen, daß ihre Unbilden den Thüringern Bodenständigkeit und Heimatverbundenheit nicht zu nehmen vermochten. Als die Wende des Herbstes 89 kam, bewahrheitete sich Nietzsches Urteil, Sachsen und Thüringen seien „die gefährlichsten Gegenden in Deutschland“, nirgends gebe es „mehr geistige Rührigkeit und Freigeisterei“. Die Enttäuschung hier in Thüringen über die Vernachlässigung vieler unserer Städte, Dörfer, Bauwerke, Straßen, auch über die Beschränkung unserer Sitten, Bräuche und Feste durch die Obrigkeit saß und sitzt tief und machte sich in großen Demonstrationen Luft. Nun haben Zusammengehörigkeitsgefühl, die Pflege alter Bräuche und Traditionen Aufwind. Und die Erfahrungen eines Atlasautors von 1651, der die Thüringer als „grimmige und harte Leute, so den Feind auch mit ihrem bloßen Ansehen erschrecken“, erlebte und schilderte, haben Thüringenbesucher nicht zu befürchten. Im Gegenteil, Thüringer sind gastfreundliche Leute, das waren sie schon immer.

Die herrliche Flußschleife in der Nähe des Moorbades Lobenstein im äußersten Südosten Thüringens entstand erst in den dreißiger Jahren, als die Sächsische Saale aufgestaut wurde.

Porzellan, Glas und Keramik

Die Spezialität der Volkstedter Porzellanmanufaktur bei Rudolstadt sind wie mit Spitze geschmückte Figuren. Das Stoffband, vor Glasur und Brennen festgemacht, verbrennt, hinterläßt aber auf dem fertigen Stück ein charakteristisches Muster.

Zu feiner Küche für die gute Gesellschaft gehörte feineres Geschirr auf die Tafel.
Der Besitz von „ächtem Porcellain“ war für die thüringischen Kleinstaatenherrscher im 18. Jahrhundert zu einer Prestigefrage geworden. So förderten sie die Bemühungen der Thüringer Nacherfinder des Porzellans, auf ihrem Territorium Manufakturen zu errichten. Durch die 1765 privilegierte Manufaktur in Kloster Veilsdorf gedachte Prinz Friedrich Wilhelm Eugen von Sachsen-Hildburghausen, preiswerter als beim sächsischen Vetter zu den begehrten Servicen, Vasen und Figuren zu kommen. Die damals schon zahlreichen Glashütten in Lauscha, Ilmenau, Gotha oder auch Breitenbach bildeten eine günstige Voraussetzung dafür, das noch bestehende Geheimnis der Porzellanherstellung zu lüften. Hinzu kamen quarz- und kaolinhaltiger Sand, Wasser- und Holzreichtum sowie Arbeitskräfte. Georg Heinrich Macheleid, Gründer der Volkstedter Manufaktur, machte einige erfolgreiche Versuche in der Glashütte Johann Georg Greiners in Glücksthal. Am 4. Oktober 1760 erhielt er das Privileg im Fürstentum Schwarzburg-Rudolstadt.

Wesentlich älter ist die thüringische Glasindustrie. Die erste Ansiedlung in Lauscha war eine Glashütte, wo 1597 mit der Glasbläserei begonnen wurde: anfangs hauptsächlich Trinkgefäße – so Pokale und Römer –, später weitere Gebrauchsgegenstände, auch feinere Gläser, Glasspielzeuge, Perlen und Glasaugen. Die Glasbläserei breitete sich im Thüringer Wald rasch aus. Die Wälder lieferten Holz- und Pottasche dafür, Quarzsand kam aus Steinheid, Martinroda und Pößlitz, Kalk aus dem Tuffstein der Schalkauer Gegend.
Die von den Töpfern in alter Handwerkskunst gefertigten Gefäße waren billige Gebrauchsgegenstände und in den Küchen der armen Leute gerade das Rechte. Heute dienen sie oft als Behälter für Brot oder Plätzchen, Zwiebeln, Mehl und andere Zutaten. In Bürgel bei Jena, dem bekanntesten Töpferort Thüringens, hat sich die von den Kelten überbrachte Scheibentöpferei bis auf den heutigen Tag erhalten. Die blauen Kännchen, Tassen, Schüsseln, Krüge, mit weißen Tupfen verziert, sind zwar erst vor etwas mehr als hundert Jahren erstmalig so dekoriert worden, aber heute das Erkennungszeichen für Bürgel-Keramik.

Aus Bürgel bei Jena stammt die bekannteste Keramik – rustikal und passend zur Thüringer Küche.

Werke wie diese Deckeltasse aus Limbach von 1775 bis 1780 stammen aus der Frühzeit der thüringischen Porzellanmanufakturen. Noch heute wird im Land Porzellan hergestellt, das einen guten Namen hat.

Die Küche: traditionell, doch phantasievoll

Mögen insgesamt mehr Schweine gehalten und geschlachtet werden, in Thüringen hat auch die Rinderzucht eine lange Tradition.

In zahlreichen Chroniken und Kochbüchern ist Thüringen als das „klassische Land der Klöße, der Kuchen und der Rostbratwürste" gepriesen worden. Ebensooft war die karge Küche der Thüringer das Ziel von Spötteleien. Beides hat wohl seine Berechtigung. Es ist eine Küche, die von rationellem Nahrungsmittelverbrauch geprägt sein mußte und doch so viele Köstlichkeiten bereithält. In den Küchen der Wäldler und Hausierer, der Knechte und Mägde, der Heim- und Fabrikarbeiter sowie vieler Bauern war oft Schmalhans der Küchenmeister. In Schwarzburg haben die Wäldler als vierte Bitte des Vaterunsers gebetet: „Wir haben kein Brot, wir haben kein Mehl, meine Mutter muß stehl'." In der Rhön war der Tisch in der Regel so gedeckt: Früh Kartoffeln und „Kaffee", der aus gerösteten Runkeln oder Mohrrüben bereitet wurde (die *Buzebrühe*). Mittags wechselten Hülsenfrüchte mit Kartoffelgerichten aller Art ab. Schließlich gab es zum Abendbrot Kartoffeln mit Sauermilch oder Brot und Süßmilch oder auch Kartoffeln mit Hering. Sonntags aß man im Sommer *Blaukohl,* im Winter Sauerkraut mit Kartoffeln oder Erbsbrei, selten Fleisch. Festessen bildeten Reissuppe, Butter, Käse, Sauerkraut mit Schweinefleisch, Kuchen und Kaffee.

Von den Anfängen der Thüringer Küche wissen wir kaum etwas, höchstens, daß ihre Zutaten nur eine sehr eintönige Speisenfolge hergaben. Zwar sollen die Römer über den Limes, den Grenzwall hinweg fruchtbare Wirtschaftsbeziehungen zu den Hermunduren unterhalten haben, von denen die Thüringer abstammen. Und verbürgt ist auch, daß sie schon im 1. Jahrhundert einen „puls" genannten Brei kochten, der aus Mehlteig bestand, geformt und in Wasser gesotten wurde, also einem Kloß gleichkam. Aber die Römer sind auf ihren Eroberungszügen in den ersten Zeiten nach Christus wohl schwerlich bis in diese Gegenden vorgedrungen. Vielleicht hätten sie uns sonst mehr über die thüringischen „Gaumenspäße" jener Tage wissen lassen.

Der Zwang, alles nur irgendwie Verwertbare aus Feld, Wald und Flur für die Ernährung zu nutzen, hat der Küche der Thüringer ihre eigene Note gegeben. Beim harten Tagewerk der Bauern und Holzfäller, der Glasbläser, der Heim- und Fabrikarbeiter mußte sie so gehaltvoll wie möglich sein.

Sie mußte satt machen. So beherrschen Mehl, Kartoffeln und auch Fleisch die Kochrezepte, seit man in Thüringen Viehzucht, Getreide- und Kartoffelanbau betreibt; mehr Mehlspeisen im flachen Land, mehr Kartoffelgerichte in den höheren Lagen. Viele der Thüringer Gerichte sind eigentlich Arme-Leute-Essen oder entwickelten sich daraus weiter. Denn spätestens seit dem Mittelalter wurde auch in der thüringischen Küche ausgiebig getafelt, viel und gut gegessen und getrunken – so sich die Gelegenheit ergab.

Natürlich haben die Restaurants und Hotelküchen das thüringische Küchenrepertoire im Laufe der Jahrhunderte bereichert und verfeinert. Aber die „Stammhäuser" der Küche Thüringens sind sie nicht. Denn die Gaststätten waren vom frühen Mittelalter bis ins 16. Jahrhundert hinein reine Wein- oder Bierschenken. Sie boten, gleich den Klöstern, außer Ausschank noch Beherbergung, aber keine Speisen. Eine darauf

Weißkraut, als Gemüse gekocht oder roh und nicht zu sauer eingelegt – in jedem Fall ein Genuß.

Als karg oder eintönig, wie früher die thüringische Küche verschrien war, kann sie heute bestimmt nicht mehr gelten. Rechts: Erfurt gilt zwar als das Obst- und Gemüseanbauzentrum Nummer eins, doch auch auf dem Marktplatz von Gera ist das Angebot nicht gerade knapp.

reduzierte Gastlichkeit hat Karl der Große in seiner Herrschaftszeit (768–814) in einem seiner Kapitularien „Armen und Reichen zu gewähren" eingeschärft. Mehr und mehr zu Speisegaststätten wurden die Herbergen und Schenken erst im 16. Jahrhundert. Aus der großen Zahl an Gewürzen, die aus fremden Ländern hereinströmten, wählten die Köche auch viele als Fleischgewürze – den Pfeffer natürlich, aber auch Safran und Zimt. Das war sicher schon damals nicht jedermanns Geschmack. Aber die Geschmacksrichtungen prägten sich weiter aus und verfeinerten sich. Zahlreiche Kochbücher erschienen, die der „feinen Küche" voranhalfen. Ein sehr wertvolles ist das des kurfürstlich-mainzischen Mundkochs Max Rumpolt, 1581 zuerst in Mainz erschienen. Er empfiehlt, „Fleisch-, Fisch- und Vögel-Gerichte" und die „teutsche, ungarische, hispanische, italienische und französische Weiß zu kochen".

Blumen

„. . . Kartoffeln in Ewigkeit“

Die Göttin (Frau Holle) *aber*
... sprach: „Nun hab' ich euch gelehrt,
Wie man die Frucht, die ich bescheert,
Den Apfel aus der Erde Schooße
Gestaltet zum Kartoffelkloße.
Wie man das Mark zerquetscht geschickt
Und wie man's rundet, wie man's spickt
Mit Bröcklein zart gebräunter Wecken.
Langt fröhlich zu und laßt's Euch schmecken.
Du aber, Haupt des Magistrates, ...
Hier hast du das Receptum. – Hüt' es!“

Aus Rudolf Baumbachs „Lied vom Hütes“

Die riesigen Kartoffelberge, die heute täglich in den Küchen Thüringens verarbeitet, als Salzkartoffeln, Pommes frites, Kroketten und vor allem als Klöße auf die Teller gelangen, hätten sich die Bürger und Bauern vor rund 250 Jahren nicht vorstellen können. Denn die Kartoffel, aus der thüringischen Küche und ihrer Geschichte einfach nicht wegzudenken, hatte es schwer, sich diesen Platz zu erobern.
Sie ist 1739 als Feldfrucht eingeführt worden. Denn da befahl Herzog Ernst August von Weimar den Anbau von „Erdtuffeln“ auf den Kammergütern, allerdings zur Ankörnung der Wildschweine.
Von 1757 an pflanzte man die Kartoffel zunehmend auch für die menschliche Ernährung an. Aber die Bauern mochten sie nicht, wehrten sich gegen ihren Anbau, weil er ihre bis dahin übliche Dreifelderwirtschaft durchbrach. Zudem blieben die Erdknollen auch in den Küchen lange Zeit außen vor, man wußte wenig mit ihnen anzufangen. Doch nach einer großen Hungersnot in den Jahren 1771–1773 stiegen ihre Chancen. Auch gelang es, mehr und mehr tischfähige Kartoffelgerichte zu bereiten – gebraten, gebacken, gesotten, als ganze, in Schnippen, als Suppe, Brei oder Stampfkartoffeln. Letztere heißen im Thüringer Wald überall anders, in Biberschlag Zammet, in Schmiedefeld Paps, in Suhl Mansch und in Schleusingen Dulch ...
Die Krone der Schöpfung Kartoffel aber sind für die Thüringer die „echten Thüringer“ Klöße. Ein Sonntag ohne Klöße ist kein Sonntag, sagt man dort. Nach einer der vielen Kloßlegenden sollen die Thüringer Klöße, die „echten“, im Meininger Schlundhaus erfunden worden sein. Von einem durchreisenden fremden Kaufmann habe der Wirt eine Schüssel mit fremdartigen Knollen vorgesetzt bekommen und wußte nicht, wie er sie verarbeiten sollte. Frau Holle, in der Südthüringer Sagenwelt mehr eine Hüterin von Haus und Herd, zeigte dem Wirt, wie er die Knollen schälen, reiben, auspressen und aus der zurückbleibenden Masse Klöße formen sollte. Der Volksliederdichter Rudolf Baumbach hat die Geschichte in seinem „Lied vom Hütes“ aufgeschrieben, und darin heißt es unter anderem, was wir Ihnen nicht vorenthalten wollen.
Seitdem heißen die „echten Thüringer“ im Meininger und Suhler Gebiet „Hütes“.

Normalerweise achtet man ja mehr auf die unterirdische Knolle als auf die wirklich anmutige Blüte der Kartoffelpflanze.

Den Ruf, „klassisches Kloßland" zu sein, verdankt Thüringen auch ein wenig dem benachbarten Vogtland, von dem ein Teil thüringisch ist. Die Vogtländer könnten den Thüringern diesen Ruf streitig machen, aber sie tun es nicht. Vielleicht haben sie klein beigegeben, jedoch sind ihre „Vogtländischen" oder auch „Grünen Klöße" von nahezu gleicher Rezeptur und Zubereitungsart. Und sie sind dort und in Sachsen ebenso populär wie „echte Thüringer". Womöglich waren sie im Vogtland auch zuerst da? Zum Glück kann es keiner beweisen. Der Kartoffelanbau jedenfalls begann im Vogtland schon um 1700.

Seit die Thüringer ihren Wert erkannt haben, dominiert die Kartoffel in ihrer Küche. Sie galt schon bald als hochwertiges Nahrungsmittel, zumal Klima und Boden ihren gedeihlichen Wuchs auch im Bergland gestatten. Bei den Leuten hoch im Kurs stand die Mühlhäuser Kartoffel, die besonders groß und mehlig war. In den kargen Waldregionen wurde die Kartoffel zur Hauptnahrung

Ein „Neuestes verständliches und allgemein brauchbares Kochbuch" aus dem Jahr 1823 schwärmt: „So kann man zum Beispiel von allen Gemüsen, die um Erfurt herum größthenteil im Freien erzeugt werden, als Blumenkohl, Erbsen, Brunnenkreß, versichern, daß sie viel feiner und besser schmecken als alle mit grösserer Kunst und nach ähnlichem Verfahren in anderen Gegenden vorkommenden Erzeugnisse."

und ersetzte vieles andere. Sie streckte das Mehl, und man buk daraus Kartoffelbrot. Es gab Kartoffelbutter und Kaffee aus Kartoffeln, Salzkartoffeln mit Kümmel, Kartoffeln mit saurer Milch und mit Brennesselspitzen. Für den Kaffee wurden die Kartoffeln nicht zu mürbe gekocht, in Würfel geschnitten, gedörrt, bis sie hart waren. Dann wurden sie gebrannt und in der Kaffeemühle gemahlen. Da gab es keine Spur von einer Bohne, aber diese Art Kaffee soll geschmeckt haben. Sogar Lichter aus Wachs und Kartoffeln fertigte man im Bergland, sie brannten viele Stunden mit sehr heller Flamme und wenig Rauch.

Von Thüringens Küche kann man nicht reden, ohne zu erwähnen, daß die Thüringer Gemüsebauern und Gemüsefreunde sind. Die innerthüringische Ebene ist altes Gartenland, wo man, vor allem im Erfurter Gebiet, mit dem spezialisierten Gemüse- und Obstbau begann. Die Erfurter hießen „des Heiligen Römischen Reiches Gärtner" erst später, aber sie waren es schon im 12. Jahrhundert. Dem bischöflichen Küchenmeisteramt von Erfurt waren die nahegelegenen Dörfer als „Küchendörfer" zugeteilt.

Der Gartenbaumeister Christian Reichart (1685–1775) begründete im Dreibrunnengelände im Süden von Erfurt den Anbau von Blumenkohl und Brunnenkresse. Thüringer essen gern Blumenkohl in verschiedenartigster Zubereitung. Alle in Deutschland heimischen Gemüsearten findet man auch in Thüringen – verschiedene Kohlarten, Erbsen, Möhren, Linsen und Bohnen, Zwiebeln, Knoblauch, Radieschen und Rettich oder Petersilie. Auch waren die Erfurter große Freunde der Puff- oder Ackerbohne. Ihr daher rührender Spitzname „Erfurter Bufbohnen", aber auch manches Gericht wie der Puffbohnensalat oder die Puffbohnensuppe erinnern daran.

Schließlich bauen die Leute viele Gewürz-, Heil- und Teepflanzen, für die Erfurt Anbauzentrum war, in ihren Gärten an. Oder sie finden und sammeln sie in freier Natur: Hagebutte, Weißdorn, Huflattich, Pfefferminze. Das Kräutersammeln, Mischen und Destillieren hat sich über Jahrhunderte vererbt, und die Extrakte sind in Drogerien und Apotheken erhältlich, zumindest aber in den Hausapotheken: Hienfong-Essenz, Karmelitergeist, Engelbalsam, Lebensöl oder Bergöl.

Zwei in Thüringen beliebte Verse – sicher mit wahrem Kern:

Morgens rund,
mittags gestampft,
abends in Scheiben,
dabei soll's bleiben,
es ist gesund.

Kartoffeln in der Früh,
zum Mittag in der Brüh',
des Abends mitsamt dem
Kleid,
Kartoffeln in Ewigkeit.

NICHT NUR BROT KAM AUS DEM „BACKS“

Ein Atlas aus dem Jahre 1651 beschreibt Thüringen als „ein vberauß Fruchtbar Land vnd sonderlich an der Mänge vnd fürtrefflichkeit deß Getreyds allen anderen in gantz Teutschland vberlegen ... jedoch gar nichts von Wein ... macht aber anstatt desselbigen ein sehr gut vnd wohlgeschmackt Bier, mit welchem der Durst nach lust vnd notturfft auch gelöschen werden kann ...“ Ein Bericht aus einer Zeit, in der die thüringische Küche kulinarische Genüsse – dank des Getreides, das Viehzucht und damit Fleisch, Mehl und damit Brot und Kuchen wie auch Bier und Kornbrand bedeutete – schon reichlich bot. Doch nicht vom „wohlgeschmackt Bier“ soll hier die Rede sein, sondern vom Brot- und Kuchenbackland Thüringen. Jahrhundertelang war der Speisezettel hier wohl recht eintönig. Die schon seit der Jungsteinzeit (5000–1800 v. Chr.) hier lebenden Bauern betrieben Viehzucht, bauten Weizen, Gerste und Hirse an. Die zum Beispiel in Erfurt gefundenen Getreidemühlsteine aus dieser Zeit zeugen davon, daß Getreidebreie nebst Hülsenfrüchten zur Hauptnahrung gehörten, auch Fleisch und Fisch, sofern das Jagdglück hold war. Wie viel später erst die Kartoffel, so hat das Erlernen der Backkunst neue Ernährungsmöglichkeiten erschlossen und die regionale Küche Thüringens mitgeprägt. Das Gemeindebackhaus, in dem in Thüringen seit Jahrhunderten fast alles benötigte Brot gebacken wurde, kam durch die Franken schon im 6. Jahrhundert dorthin. Noch länger bekannt ist das Kuchenbacken. Das Anrühren von Mehlbrei und das Backen von Fladen, Kuchen und Brot galt als heilig.

Die Vielfalt in der Bäckerei entstammt den Klöstern. Der Reichtum an Kuchenrezepten entspricht ihrer einst großen Zahl in Volkenroda, Ichtershausen, Reinhardsbrunn, Georgenthal oder auch die Klöster in Erfurt, von denen das der Ursulinerinnen noch heute fortbesteht. Die Klöster, seit fränkischer Zeit (ab 531) der Mittelpunkt von Siedlungen und ganzen Siedlungsräumen, hatten von Anfang an eigene Backhäuser, die auch Ausbildungswerkstätten für Bäcker waren. Von hier aus eroberte die Backkunst die bäuerliche Welt und ihre Küche. Allerdings haben Thüringer Fuhrleute erst im ausgehenden Mittelalter aus dem Süden und aus dem Rheinland

Gewürze wie Zimt, Safran, Ingwer und Zucker mitgebracht, wohin sie aus Nah- und Fernost gelangt waren. Sie gaben den Gebäcken erst den rechten Geschmack.
Indes war Brot aus dem Backhaus, dem *Backs,* damals schon ein Genuß. Und heute natürlich nicht minder. Denn es gibt sie noch, die Backhäuser, wenn auch nur sehr vereinzelt. Zum Beispiel in Bibra, in der Meininger Gegend, wo die Thüringer ja eigentlich Franken sind, steht ein schön herausgeputztes und verrichtet seine Dienste. Dort begreift man das Backen als eine Zeremonie, man erlebt und genießt sie.

Im etwa drei mal fünf Meter großen Backhaus – kleiner Vorraum und großer Ofen – wird am Backtag das Ofenloch zunächst mit dem Ofenwisch saubergefegt. Vorher, beim *Backespiel,* ist durch Los ermittelt worden, wer dran ist und backen darf. Der entfacht im Ofenloch zunächst ein Reisigfeuer. Ist es abgebrannt, wird die Ofentür geschlossen, damit die Steine richtig heiß werden. Im Ort weiß man natürlich, wer Backtag hat. Und so kommen von früh an unentwegt Verwandte und Bekannte ins Backhaus und bitten: „Darf ich einen Detscher mit reintun?" (Teig aus durchgedrückten Kartoffeln, Mehl, Quark

Das Kernland Thüringens, insbesondere das Thüringer Becken, gehört zu den fruchtbarsten Gebieten in Deutschland. Der nährstoffreiche Boden eignet sich vor allem zum Anbau von Gerste, Weizen, Zuckerrüben, Kartoffeln und Gemüse.

Es gibt noch einige gut erhaltene Windmühlen wie hier bei Weida.

und saurer Sahne) oder: „Habt ihr noch Platz für einen Zippelkuch (Zwiebelkuchen)?“ Auf diese Weise ist im Backhaus ständig Betrieb, wird getratscht, werden Neuigkeiten ausgetauscht und gewiß auch manche Back- und Kochidee. Daher der Vergleich, das Backhaus sei für die Frauen, was für die Männer das Wirtshaus.

Höhepunkt im Backhaus ist dann natürlich der Moment, wenn die runden, fünf bis sechs Pfund schweren, knusprigen und duftenden Brote aus dem Ofen gezogen werden, Brotvorrat für etwa drei Wochen und somit Qualität. In Südthüringen wurden die Brote in hölzernen Wannen im Keller gelagert. Der Sauerteig ging von Haus zu Haus, damit ständig gebacken werden konnte. Zur Kirmes, wenn im Backhaus der gesamte Kirmeskuchen zu backen war, war ans Brotbacken nicht zu denken. Denn da gingen Hunderte Kuchen in den Backs. Fehlt schon die Bratwurst auf kaum einem Fest, so gilt das erst recht für Kuchen, vor allem für „nassen“, saftigen Obstkuchen. Dabei war Kuchen in Thüringen ursprünglich meist einfacher, in der Pfanne gebackener Striezel. In der Hackzeit buk die Bäuerin einen großen Kranz und nahm ihn stückweise mit aufs Feld oder auch in „Pfannen": In die gut eingefettete Pfanne kamen auf deren Grund geriebene Kartoffeln, darauf Kirschen oder Birnen, Milch und Öl. Diese Pfannen wurden oft auch als warmes Abendbrot gegessen.

Im Lauf der Zeit entwickelte sich die Kuchenbäckerei zu einem wahren Kult. Vor allem auf dem Lande ist das zu Festen – ob Hochzeit, Kirmes oder Konfirmation – heute noch so. Kirmeskuchen, etwa der Quarkkuchen mit Obst, der leckere Thüringer Zwetschenkuchen, die großen Blechkuchen müssen reichlich und in verschiedenen Variationen da sein.

Beliebt ist auch der Schmantkuchen und – von ganz anderer Geschmacksnote – der Zwiebel- wie auch der Speckkuchen. Nicht zu vergessen die trockenen Kuchen, mit Butterstreuseln oder Zucker bestreut, schließlich der einfache Rührkuchen.

Natürlich sind die Bäckereien auf dem Lande heute weitgehend modernisiert. Aber früher, gerade in der Vorweihnachtszeit, in der die *Schittchen* (siehe S. 168) gebacken wurden, gab es die verschiedensten Bräuche. Da hieß Mutter die Kinder „im Backs das Backen bestellen" (das nicht überall ausgelost wurde), „und einen Trog holen". Die Kinder mußten auch gleich die Backhefe und verschiedene leckere Zutaten mitbringen. Beim Anfertigen des Kuchenteigs war streng darauf zu achten, daß der Teig richtig „los" war, in die Höhe ging. Genau zur vom Bäcker vorgeschriebenen Zeit mußte der Trog mit dem Teig ins Backs gebracht werden. Den Teig rollte der Bäcker dort meist selber aus. War ein Ofen voll Teigstollen zusammen, so wurde ihm also ein *Schoß* oder *Schuß* übergeben. Kleinere Familien bereiteten den Teig auch in kleineren Backmulden, die wohl in jeder Bauernküche zu finden waren. Beim Abholen der Weihnachtsstollen erhielt der Bäcker außer seinem geregelten Backlohn noch ein kleines Trinkgeld oder auch etwas zum Rauchen.

Bis in die Gegenwart hinein ist die thüringische Küche zu einem Gutteil eine Kuchenküche geblieben. Sie wird es wohl auch bleiben. Übrigens verspottete man die thüringischen Regimenter im Ersten Weltkrieg nicht von ungefähr als „Kuchenfresser".

Schon 1788 warnte Johann Philipp Christian Reuß in seinem in Erfurt erschienenen „Thüringer Kochbuch" vor allzu üppigem Kuchenverzehr: „Wenn man aber annimmt, daß öfters zu einem Kuchen 12, wohl gar 16 ggr. (Groschen) *verschwendet werden, und doch nicht einmal gesund ist, denn wenn er warm gegessen wird, so verursacht er, besonders bei Frauenzimmern, die ihn doch am liebsten essen, manche Krankheiten. Man wird es auch an denen gewahr, die viel Kuchen speisen, wie blas und elend sie aussehen."*

Wo es im Dorf ein Backhaus gibt und mit diesem Handwerk Vertraute, sind erstklassige Brote und Kuchen garantiert.

Wo die Metzger auch Würzmeister sind

Bis die Würste sauber aufgereiht hängen, wartet insbesondere bei einer Hausschlachtung eine Menge Arbeit auf den Metzger.

Es gibt in Thüringen kaum einen Markt- oder Festplatz, fast keine Straßenecke und keinen Dorfanger, wo die Luft nicht vom „Thüringer Weihrauch" gewürzt ist, dem Duft der Thüringer Rostbratwurst. Bratköche und Händler wissen, wie hoch sie bei den Leuten in Gunst steht. Gilt sie schon sehr lange als beliebter Imbiß, so läßt sie sich auch heute weder von Fisch, Frikadellen noch von Fritten den Rang ablaufen. Öffentlich zubereitet, in eine weiße Semmel eingebettet oder auch zu Kartoffelsalat, verzehrte man sie früher in Thüringen meist an Sonntagabenden nach der Rückkehr von Spaziergängen oder Wanderungen. Nun aber ist sie längst Alltags- wie auch Festtagsschmaus. Zu den Festen essen die Leute halt ein paar mehr. Frisch vom Rost, auf Holzkohlefeuer gebraten, gehört die Bratwurst ganz einfach zur gutthüringischen Stimmung, ob beim Gartenfest, bei der Fete des Kegel- oder des Gesangvereins oder wenn die Freiwillige Feuerwehr im Dorf ihren Durst löscht. „Bratwurstfeten" am familieneigenen Rost sind gang und gäbe.

Das Geheimnis der Gaumenfreude an der 1613 im „S. W. Artikel für das Fleischerhandwerk zu Weimar, Jena und Buttstädt" zum erstenmal bezeugten Bratwurst liegt vor allem in der Dreifaltigkeit von Rind-, Kalb- und Schweinefleisch. In Beschreibungen ältester Feste ist die Rede von ihr. Mehr als hundert Jahre alte Kochbücher zählen viele Zubereitungsarten von ihr auf. Sie kann auch als fest geräucherte Mettwurst gegessen werden. Und sauer eingelegt heißt sie der „Stolze Heinrich".

Eigentlich darf zum Bratwurst- und Brätelessen ein zünftiges Bier nicht fehlen. Fast immer gesellt sich ihm ein Nordhäuser Korn hinzu, wie er in der Stadt im Vorharz seit mehr als fünfhundert Jahren gebrannt wird.

Wie beliebt das Bratwurstessen in Thüringen ist, hat ein Bauer aus der Eisenacher Gegend in seinem sehnlichsten Wunsch ausgedrückt: „Ich wollt', ich wär gestorben und im Bett gebraten, mit Bratwürsten zugedeckt und mit Tillkuchen (Fettkrapfen) aufgeweckt."

Einer der kulinarischen Höhepunkte – vom Eichsfeld bis zum Vogtland, von der Rhön bis ins Saaletal – war und ist das häusliche Schlachtfest. Legt sich der würzige Geruch von Wurstbrühe über Straßen und Häuser, dann ist

Wurstwaren
Wurstwaren

Der „Thüringer Weihrauch“ steigt auf, und man genießt sichtlich die Rostbratwürste oder auch Rostbrätel.

Schlachtenszeit. Die liegt meist im Spätherbst oder in der Vorweihnachtszeit. Das Tier, in der Regel ein Schwein, muß nach seinem Ableben erst gut auskühlen. Gebrüht und seiner Borsten entledigt, wird es erst einmal aufgehängt. Tags darauf beginnt seine Verarbeitung. Wie zu Hochzeiten hat ein Großteil der Dorfbewohner daran Anteil. Das Kochen der Blut- und Leberwurst gibt reichlich Wurstsuppe, die an die Verwandten im Dorf ausgetragen wird. Fleischstücke vom Schweinekopf und Schwarten werden oft auch sofort verzehrt, dazu Kartoffeln, Sauerkraut oder anderer Kohl. Meist am Tag nach der Schlachtung gibt es die „saure Brühe". Innereien und Gehacktes, Zwiebeln, Kümmel, Majoran, Pfeffer, Salz und Essig geben ihr zur Kraft die Würze. Dazu wird Schwarz- oder Weißbrot gegessen. In Südthüringen wird das für die Kochwurst bestimmte Wellfleisch in kleine Würfel geschnitten, wozu es vieler Hände bedarf. Da heißt es sich satt essen. Wer es nicht tut, hat das Nachsehen. Zum Abendessen im Familienkreis gibt's dann den *Stichbroat,* das Fleisch aus jener Körpergegend des geschlachteten Tieres, in der es abgestochen worden war. Man verspeist dazu mit Vorliebe einen Krautkloß. Ein einfacher Hefeteig wird zu einem Kloß geformt und auf Krautblättern in der Backröhre gebacken. Während der gesamten Schlachterei und Wurstmacherei sind Bier und Schnaps den meisten sehr willkommen.

Wie das Martinsfest mit dem Martinssingen zieht auch das häusliche Schlachtfest die Kinder in seinen Bann, denen eine zusätzliche Leckerei immer recht ist. So geht einer der Sprüche der Gaben heischenden Kinder beim Schlachtfest:

„Ich hab' gehört, ihr habt
geschlacht't
und habt so große Wurst gemacht.
Gebt mir die langen,
und laßt die kleinen hangen
bis auf ein ander Jahr."

Resultat der häuslichen Schlachtfeste ist neben der gekochten Wurst die geräucherte. Einst wurde sie in den zu den Bauernhöfen gehörenden Räucherungen hergestellt. Dort gibt es sie aber kaum noch. So räuchert der Metzger, und das gute Ende ist in jedem Fall wohlschmeckende Wurst – ob es sich um die Mühlhäuser Schmerwurst handelt, eine fette und schwere Wurst in Schmerhaut, oder um den Eichsfeldischen Feldkieker, eine abgehangene,

Die Herren Abgeordneten des hier erwähnten Landtages verzehrten „8 Polnisch- und 8 Landochsen, 15 Schweine, 14 Spanferkel, 16 Kälber, 125 Schinken, 16 Mandeln (nach einem alten Zählmaß mindestens 240!) *Hühner, 180 Gänse, 16 wälsche Hühner, 1 Schock* (60) *Capaunen, 120 Paar Tauben, 1 Centner Hechte, 18 Schock* (1080) *Karpfen, 2 Tonnen Heringe, 1½ Centner Stockfisch, 1 Tonne Salzhecht, 18 Fuder Wein* (nach rheinischem Maß 18000 Liter, nach badischem oder österreichischem erheblich mehr!)*, 2 Fässer Frankenmoser, 4 Fässer Coburger Hofbier, 60 Eimer Weizen- und 200 Eimer Doppelbier". Man kann annehmen, daß das Gefolge der Abgeordneten kräftig mithalten durfte ...*

ausgereifte und harte Knackwurst, dem herben Charakter der Eichsfeldlandschaft angemessen. Den Fleischappetit und die Fleischküche Thüringens bestimmen das Rind- und das Schweinefleisch, und dies seit Hunderten von Jahren. In ganz Thüringen, ausgenommen die Höhenlagen der Mittelgebirge, vor allem des Thüringer Waldes, gibt es seit jeher Rind- und Schweinezucht, auch Schafzucht und Ziegenhaltung. Vielerorts blieben die Tiere bis zum Martinsfest, dem 10. November, auf der Weide. In den Bauernhäusern lagen Wohnungen und Stallungen sehr oft unter einem Dach, und der Misthaufen befand sich direkt vor dem Haus. Aber das ist Vergangenheit. Erhalten geblieben ist aber ein kräftiger Fleischverzehr. Thüringer vertilgen im Jahr durchschnittlich ein stattliches Schwein, das sind 150 bis 180 Kilogramm. Wie aus dem Mittelalter berichtet wird, hatte der Meier von Hausbergen zum Imbiß selbst den Frohnern zwei Fleischspeisen vorzusetzen – „und soll das fleisch an zwei enden racken über den Schüsselbordt vier Finger breit". Der Erfurter Käsemarkt hieß schon 1293 „der alte", ein deutlicher Hinweis auf Rinderzucht und deren weit zurückliegende Anfänge. So wurde bereits im 12. Jahrhundert in Erfurt gehackte Fleischware und Sülze in Schüsseln und Näpfen auf dem Markt verkauft. Es gab Fleischbänke „vor den Graden" (Teil des Domplatzes) in Erfurt. Bruchteile von ihnen waren nicht selten im Besitz Erfurter Bürger. Auch bestand die Reichssteuer, die Thüringen an die fränkischen Könige zu zahlen hatte, in Schweinen. Eine Schrift aus dem vorigen Jahrhundert bezeugt gar eine alte Zuneigung der Thüringer zum Pferdefleisch: „Die mit dem Alten Testament noch unbekannten Thüringer aßen das Fleisch von manchen Tieren, welche den Juden verboten waren. Besonders scheinen die alten Thüringer (auch als sie schon Christen waren) am Pferdefleisch viel Geschmack gefunden zu haben, sie schlachteten nicht nur wilde, sondern auch zahme Tiere. Beides erklärte der Papst für eine ganz abscheuliche Gewohnheit, und er mahnte den bekannten Bonifacius, ihr durch Kirchenbuße und auf andere Weise allen möglichen Einhalt zu thun ..." Jener Geschmack für Pferdefleisch hat sich zum Glück verloren, wenngleich die thüringische Zucht von

Zug- und Reitpferden über die Grenze des Landes lange Zeit berühmt war. Der Pferdemarkt in Buttstädt, zwischen Erfurt und Weimar, ist einer der wenigen übriggebliebenen Viehmärkte, der jährlich seine 25 000 Besucher anlockt.
Es war nicht nur eine respektable Eß- und Trinkleistung von 50 thüringischen, 60 fränkischen und weiteren 11 Abgeordneten während eines sechs Tage dauernden Landtages 1776 im damals thüringischen Coburg. Sie ist auch aufschlußreich für die Breite des Menus.
Jene Zeiten, da in Thüringens Bauernhäusern oder bei den Arbeitern in den Städten pflanzliche Produkte den Speisezettel beherrschten, Fleisch meist nur an Feiertagen auf den Tisch kam und Fetthering bei den Ärmsten bereits als Festessen galt, sind längst vorbei. Fleisch und Wurst stehen viel öfter, vielleicht zu oft auf dem Speisezettel.
Von den neuen Bundesländern macht Thüringen ganz gewiß die beste Wurst. Als gebürtiger Sachse bekenne ich das gern. Denn die Thüringer sind Meister im Würzen, in der Küche generell, aber insbesondere beim Wurstmachen. Zur Nutzung „fremdländischer“ Gewürze kam bei ihnen vor Jahrhunderten schon die Pflege der heimischen hinzu, und diese behielten die Oberhand. Vielfach bauen die Leute, so sie ein eigenes Gärtchen besitzen, diese Gewürze selber an, Kümmel, Majoran, Liebstöckel, Beifuß, Meerrettich und andere. Der Fall der Mauer, der auch Marktmauern beseitigte, hat Thüringen ein immens bereichertes Angebot an Fleisch- und Wurstdelikatessen beschert. Die Thüringer sehen es mit Wohlbehagen und der selbstbewußten Prognose: Die Thüringer Wurst wird sich behaupten. Etwas anderes haben die Thüringer, nein, haben die Deutschen doch wohl auch nicht verdient …

„Ech brengs Uch", sagt der Wirt

Wenn dieses Schild in Weimar nicht als Einladung zu verstehen ist!?

Rechte Seite: Mitte des 15. Jahrhunderts war Weinbau in 432 thüringischen Orten nachweisbar. Heute muß man, um Weinberge zu sehen, schon nach Sachsen-Anhalt fahren. Allerdings liegen die Hänge an Saale und Unstrut gleich hinter der Landesgrenze bei Naumburg und Freyburg.

„Man solte den gesten ein gutten trunck geben, das sie frolich werden", sagt Martin Luther. Und schon weil er es sagt, kann man sich auf diesen Rat in Thüringen verlassen. Er meint das Bier und lobt es überschwenglich: „Der erstlich bir gebrawen hat, iste fuit pestis Germaniae. Es mus wol tewr sein in vnsern landen. Die pfert essen das groste teil des getreidts; dar nach sauffen die baurn vnd burger das ander teil im bir auß. In Thuringia haben sie die Schalkait gelernt."

Da ist viel Wahres dran, denn Thüringer sind Biertrinker. Etwa 150 Liter Bier pro Kopf im Jahr ist schon ein gehörig Maß. Und ob das ihr letztes Wort ist?

Zu ihrer Läuterung sei gesagt, daß sie zu einem guten Teil ja nur verhinderte Weintrinker sind. Das kommt daher, daß das Bier gegen den Wein eben gewonnen hat, weil das Bier gut war und ist, in bestimmten, nicht wenigen Gegenden jedenfalls.

Dabei war Thüringen einst auf gutem Wege, ein Weinland zu werden. Die Klöster, so das zu Fulda, und das Erzstift Mainz hatten die Weinrebe nach Thüringen gebracht, allerdings erst um die Mitte des 10. Jahrhunderts. Der Weinanbau breitete sich dann schnell aus. Die Schilderung einer „Reise von Erfurt bis Suhl im Jahre 1522" vermerkt: „Die Abhänge des Petersberges (in Erfurt) umgrünen üppige Weinberge …, der Rote Berg bei Ingersleben trägt den besten Wein weit und breit."

Und es war reiche Weinlese zu halten seinerzeit. 1503 konnte man „nicht genug Fässer schaffen", wenngleich die Erträge in den Jahren natürlich schwankten. In der Mitte des 15. Jahrhunderts ist der Weinbau in 432 thüringischen Orten nachweisbar. Der Erfurter Zuchtbrief von 1353 bereits stellt den Erfurter „Landwein" dem Würzburger und Elsässer entgegen.

Aber Thüringen war zum Weinland nicht auserkoren. Klima, Mißwuchs in den Weinbergen, die Reblaus, die den Markt überschwemmenden besseren und billigeren Franken- und Rheinweine, die auf verbesserten Handelsstraßen schnell zum Markt gelangten, machten der Weinrebe in Thüringen fast allerorten den Garaus. Ging der Weinbau schon nach dem Dreißigjährigen Krieg merklich zurück, so war er völlig am Ende, als die Napoleonischen Heere Erfurt verließen. Geblieben ist ein relativ kleines Weinbau-

SEIT
WATZDO

gebiet – knapp außerhalb von Thüringen, schon in Sachsen-Anhalt –, das nördlichste Mitteleuropas an Saale und Unstrut bei Freyburg, woher auch der beliebte „Rotkäppchen"-Sekt kommt.
So war es Bier, was Martin Luther als „ein gutten trunck" empfohlen hatte. Es wurde untergäriges (mit Eiskühlung vergorenes und mit Hopfen versetztes), in Mittel- und Südthüringen obergäriges, süßes Bier gebraut. Letzteres war jenes, dem der Hopfen fehlte, weil er den Brauern nicht bekannt oder nicht verfügbar war. Nach Meinung des römischen Kaisers Julian, der während seiner Feldzüge oft vom deutschen Bier zu kosten beliebte, erinnert dessen Geruch an den Gestank eines Ziegenbocks. Berühmt wurde in Thüringen damals schon das „Lichtenhainer Lagerbier", im 16. Jahrhundert das Naumburger. Von ihm ging das Sprüchlein: „Naumburger Bier ist der Thüringer Malvasier." Ein „gelahrter Heinrich Knauth" schrieb 1575 ein in Erfurt erschienenes fünfbändiges Werk „von der Kunst, Bier zu brauen": „In Thüringen ist das Naumburger Bier das berühmteste und das vornehmste ... Es steigt aber leichtlich zu Kopf, daher schreien etliche Säufer, daß das Bier blind mache."
Auch die Erfurter brauten, so berichtet es 1901 der Romancier Karl Emil Franzos, „ein vortrefflich Bier", und er meinte sicher das Normalgebräu, nicht die Erfurter „Schlunze", ein leider dahingeschiedenes Braunbier. Ihm stand an Berühmtheit und Wohlgeschmack das „Köstritzer Schwarzbier" nicht nach.
Ursprünglich waren Brauhäuser nur von den Klöstern erbaut worden. Erst mit dem Entstehen der festen Städte im 10. Jahrhundert entwickelten sich auch die privaten Brauereien. Jeder hatte das Recht, sein Bier zur Selbstversorgung selbst zu brauen. In Südthüringen entschied sich wie beim Backhaus durch das Los, wer im Minibrauhaus an der Reihe war. Pro Haushalt wurden bis zu fünf Hektoliter selbst gebraut. Auch heutzutage braut man noch selbst in solchen Mengen, in Seidingstadt bei Heldburg zum Beispiel oder in Singen bei Stadtilm. In Erfurt waren es die „Biereigen", die das Braurecht besaßen, und an Biereigenhöfen gab es 1802 in Erfurt immerhin noch 184.

Kirmes, Rühler Springer und viele andere Feste

Ein Festwagen ganz in der über 300jährigen Tradition des Weimarer Zwiebelmarktes.

„Es sind freundliche, geweckte und lebenslustige Leute mit ausgesprochener Vorliebe für Vokal- und Instrumentalmusik; Singvögel im Bauer, Kartoffeln im Keller, ein Lied in der Kehle und Kleingeld in der Tasche – wohin mit der Freud?" – Jener Heimatfreund charakterisiert mit seinen vor fast hundert Jahren niedergeschriebenen Worten die thüringische Wesensart schon trefflich. Denn gemütlich sind sie, die Thüringer, meist freundlich, zum Wandern, Singen und Scherzen aufgelegt. Natürlich sind die Temperamente verschieden, die Leute im Norden eher bedächtig und abwägend, die im Süden hingegen von fränkischer Lebendigkeit. Frohsinn, Humor und Witz, deftige Schimpfworte, die Kunst der Verstellung oder die Freude am Verkleiden nicht nur zum Karneval, sondern auch zur Kirmes oder Hochzeit – all das gehört zu den Thüringern, gleich wo sie beheimatet sind.

Und sie können Feste feiern. Das tun sie von altersher nach Herzenslust, was wohl daher kommt, daß sie immer feste arbeiten mußten. Schon alte Chroniken sprechen davon, daß die Leute zu den Festen „auf eine kurze Zeit des Lebens Gram und Sorgen vergaßen". Viel Arbeit gab's, viel Anlässe zu feiern also im Ablauf eines Jahres, mehr als genug. Sie wurden und werden begeistert genutzt.

Am ersten Oktoberwochenende strömen die Leute alljährlich zum „großen weimarischen Landvolksfest, dem Zwiebelmarkt", dem „Viehe- und Zippelmarkt", wie er erstmalig 1653 erwähnt wurde. Was sich zwischen Markt, Frauenplan, Esplanade, Schillerstraße und Theaterplatz in Weimars Innenstadt da abspielt, das ist schon noch erkennbar Zwiebelmarkt. Die Zwiebelzöpfe schwenkenden Leute, die von dort kommen, sind der beste Wegweiser. Ein Viehmarkt hingegen ist er nicht mehr, dafür aber auch Gemüse-, Töpferwaren-, Korbwaren-, „Freß- und Saufmarkt", kurzum ein Jahrmarkt – auf dem jedoch die Zwiebeln das Bild beherrschen und wie ehedem die größten Umsätze machen. Wer hierher kommt, der kommt der Zwiebeln wegen. In den Straßen ist kein Durchkommen, und der Marktlärm erreicht seine größte Lautstärke, wenn unter Hallo die Zwiebelmarktkönigin gekrönt wird. Und wenn man das Flanieren und Parlieren, die Fröhlichkeit der Marktbesucher beobach-

Auf einer Kirmes im Thüringer Wald.

tet, dann möchte man das Lied anstimmen: „Die Gedanken sind frei ..." Der Zwiebelmarkt ist wieder, mehr denn je, ein Volksfest, ein echtes Stadtfest Weimars, zu dem die Besucher von weither anreisen.
Eine ganz andere, eigene Note hatten und haben die Waldfeste, eine im Thüringer Wald sehr alte und verbreitete Tradition. Einander sehr ähnlich, sind sie beherrscht von Trubel und Jubel. Sucht man im südlichen Thüringen den „Laubmann", so holt man im Norden den „Maikönig" aus dem Walde, in Kelbra in der Nordhäuser Gegend den „Froschkönig", im Schwarzburgischen den „Graskönig". Diese nie erloschene Tradition lebt nach dem gesellschaftlichen Umbruch merklich auf. Die Festwiesen sind von Bratwurst-, Bier- und Lotteriebuden gesäumt. Groß und klein erfreut sich beim Sackhüpfen, Vogelwerfen, am Affentanz, Topfschlagen und was der Vergnügungen mehr sind. Beim „Tabarzer Vogelschießen" beförderte man auf Ochsenwagen Geschirr, Speisen und Faß auf Faß des edlen Gerstensaftes zum Fest. „Der gewitzigste Bursche", so heißt es in einer Schilderung, „besteigt einen Ebereschenbaum und thut eine Predigt. Dann beginnt der Tanz, der nur dann unterbrochen wird, wenn man

Auch im Eichsfeld, von dem ein Teil zu Niedersachsen gehört, weiß man zu feiern: ob nach dem Jagen oder verkleidet mit Kindern.

das Buffet – ein Riesenfaß Bier, Brot und ein Faß Käse – plündert. Da glänzen Weinflaschen zu allen Preisen, süße Liköre für die Mädchen und kräftige Schnäpse gegen den Katzenjammer.“ So ist es auch heutigentags, ob zum Jägerfest in Friedrichroda oder zur Kirmes in Ruhla.

Und wenn die Kirmes genannt ist – sie gehört ohne Frage zu den beliebtesten und verbreitetsten thüringischen Volksfesten. Denn da feiern die Leute vom Lande nach aller Plackerei die eingebrachte Ernte. Im Altenburgischen, wo es nach der Überlieferung „nicht wenig Bauerngüter gibt, die sich nach Umfang und Ertrag hinter Rittergütern nicht zu verstecken brauchten“, läßt der landläufige Name „Landfressen“ ganz ohne Mühe den Zweck der Kirmesfeiern ahnen. Die Hauptrolle spielt dabei der Kuchen, von dem zahlreiche wohlschmeckende Sorten hergestellt und große Mengen vertilgt werden.

In der Meininger Gegend gehen die Mädchen im Dirndlkleid und die Burschen mit von langen Hosenträgern gehaltenen Beinkleidern zur Kirmes – am ersten Tag (von zumeist drei Kirmestagen) in die Kirche, danach zum Tanz, am zweiten mit einem Wäschekorb

Tanzlinden, hier die in Dermbach in der Rhön, haben schon viele Feste unter ihrem Blätterdach erlebt.

von Haus zu Haus, um Geld einzusammeln, das dann im Wirtshaus durchgebracht wird. Es reicht, so Gott will, auch noch für den dritten Tag.

Überhaupt wird ausgiebig gezecht, gescherzt und getanzt. In Altenburg zum Beispiel der „Rumpuff", ein dem Ländler vergleichbarer paarweiser Tanz. Zur Kirmes in Ruhla tanzt man auch jetzt noch den „Rühler Springer", von lauten Rufen und Jauchzern der Tanzenden begleitet. Im eichsfeldischen Raum ist zur Kirmes Verkleidung, Mummenschanz Brauch. Bei einem der ältesten Kirmesbräuche treiben die Larven um, meist in Frauenkleidern steckende „Erstlingsburschen". Sie halten Ordnung beim Kirmesumzug, den es übrigens bei fast allen thüringischen Kirmessen gibt, beim Schlachten des „Kirmeshammels" und bei anderen Bräuchen. Der „Kirmeshammel" muß der festeste sein, der sich finden läßt.

Die Landesherren sahen solche üppigen Feiern aber nicht allzu

gern. Die devote Haltung der Landeskinder war ihnen wohl lieber und wichtiger. Eine Verordnung der kurmainzischen Beamten von 1764 verlangte, daß bei Hochzeiten „nur eine Mahlzeit gehalten, hiebey jedoch in Verabreichung deren Speisen und Trunkes die möglichste Mäßigkeit gebraucht und im übrigen dergleichen hochzeitliche Mahlzeiten ohne das mindeste Geschrey und Jauchzen, wie man anhero zu größten Ärgernus der Publici wahrgenommen“. Auch gegen die Ausdehnung der Feier auf mehrere Tage schritt die Obrigkeit ein. Die von heute stört sich glücklicherweise nicht daran. Manche Bräuche und Sitten aus altväterlichen Zeiten sind auch heute lebendig, andere werden gewiß wiederkommen und die thüringischen Feste prägen. Sehr bekannt und bei Hochzeiten sehr oft zu erleben ist das Holzsägen. Bei der Rückkehr der Jungvermählten steht vor der Tür des Hochzeitshauses ein Sägebock, befrachtet mit einem Stück Holz und einer Säge dazu. Nun müssen die Brautleute wohl oder übel Leistung und Willen zu gemeinsamer Arbeit unter Beweis stellen. Gepflegt wird auch das Maibaumstecken zu Pfingsten. Da verehren die Burschen den Zweig von einer Birke ihrer Angebetenen, die ihn dann für alle sichtbar ins Fenster steckt. Die „Kalkwege“ hingegen machen ein Liebesverhältnis gerade dann publik, wenn es beide geheimhalten wollen oder auch müssen. Da werden die Wege zu ihren Häusern mit Kalk bestreut, und am nächsten Morgen gab es so schon manche Überraschung, nicht immer angenehme.
„Ich geh' mit meiner Laterne, und meine Laterne mit mir ...“ Dieses Lied und andere, zum Beispiel „Martine, Martine, der Vater schlacht ä Hihne“, ertönt alljährlich am 10. November aus Kinderkehlen vor mancher Haustür in Erfurt und Umgebung, aber auch in Nordhausen. Es ist die Zeit des Martinsfestes. Am Geburtstag Martin Luthers gefeiert, verehrte das Brauchtum ursprünglich den heiligen Martin, den Schutzpatron der Franken, den auch das älteste Stadtsiegel von Erfurt zeigt. Nach der Reformation ging die Verehrung auf Martin Luther über.
In den Bäckerläden duftet es in den Tagen vor Martini nach allerlei Martinsgebäck, den Martinshörnchen oder auch den Nachbildungen der Martinsgans, mit Marzipan oder anderen Leckereien gefüllt. Die Martinshörnchen als

Aufwendig und kostspielig war und ist eine zünftige thüringische Bauernhochzeit. Im Süden Thüringens bekamen die Gäste als Einladung vorab einen viertel Kuchen. Im Eichsfeld erschienen vor der Hochzeit zwei „Hochzeitsbitter“ in festlicher Tracht, um einzuladen. Sie mußten trinkfest und von gesundem Magen sein, denn jeder der Eingeladenen setzte ihnen Wurst, Brot und Branntwein vor. Wurde dann bei der Hochzeit selbst der „Brautkuchen“, meist ein gehaltvoller Obstkuchen, aus dem Ofen gezogen, wurde traditionell aus einer alten Pistole ein Schuß abgefeuert.

Auf dem Weimarer Stadtfest, dem Zwiebelmarkt.

Rechts: Auf einem Trachtenfest in Seligenthal im Thüringer Wald.

Teigopfer wie auch die Martinsgans erinnern an die frühere Sitte, den Göttern und Dämonen für die gute Ernte und für das Überstehen des nächsten Winters zu opfern. Aber dies ist wohl nur eine blasse Erinnerung kundiger Leute. Das Martinsfest war in und um Erfurt wie auch in Nordhausen von jeher ein Volksfest. So überstand es auch jene eben vergangenen Zeiten, in denen die Obrigkeit selbst von dort oppositionelle Gefahren witterte. Immerhin machen sich in den Abendstunden des 10. November alljährlich Tausende in der alten Lutherstadt Erfurt auf zum Domplatz, um zu Füßen von Dom und Severikirche das Fest der 30 000 Laternchen zu erleben. Mit ihren Laternchen ziehen die Kinder anschließend vor die Türen der Leute, um sich irgendeine süße Gabe zu ersingen.

In Nordhausen nennt es der Volksmund ja deshalb die „Nordhäuser Kirmes", mit Martinskuchen, Martinsgänsen, Martinskarpfen und Martinsgeschenken der Kinder an die Lehrer. „Zu St. Martin vielleicht um des neuen Weines willen", schreibt Johann Agricola, ein Zeitgenosse Luthers, in den „Deutschen Sprichwörtern", „da brät man feiste Gänse und freut sich alle Welt." Und eine im Domstift zu Nordhausen aufgefundene Niederschrift aus dem Jahre 1332 vermerkt, daß die Domherren schon damals ihre Martinsgans gegessen haben.

So ist auch die Nordhäuser Kirmes wieder, was sie einst war – oder ist sie es etwa noch nicht wieder? Dann würde es Zeit für: „Buntes Leben und Treiben in den Straßen, die Nordhäuser und zahlreiche Gäste beim Martinsschmaus, Musik und Gesang vom Markt und Geläut aller Glocken von fünf bis sechs, bei Eintreten der Dunkelheit leuchtende bunte Kerzen in den Fenstern, lustiges Hallo in den Gaststätten, knallende und leuchtende Feuerwerkskörper auf dem Kornmarkt wie zu Silvester ..."

Lassen Sie sich nun herzlich einladen in das „klassische Kloß-, Kuchen- und Bratwurstland“ Thüringen.
Alle Rezeptzutaten sind, wenn nichts anderes angegeben ist, für vier Personen berechnet.

Essig

Vorspeisen, Salate, Suppen

Hüllerchen

Kartoffeln herrschen in der thüringischen Küche wie in diesem Rezept vor. Doch auch Speck und Zwiebeln sind wichtig für die herzhaften Bällchen, die zum Frühstück genauso munden wie zum Nachmittagskaffee.

750 g Kartoffeln
Salz
3 EL Kartoffelmehl
100 g Butter
250 g durchwachsener Speck
500 g Zwiebeln

Kartoffeln schälen, waschen, in Salzwasser gar kochen, abgießen, dämpfen, mit dem Stampfer zerdrücken. Das Kartoffelmehl unter ständigem Rühren zugeben, bis sich der Teig leicht zieht. Butter erhitzen, den gewürfelten Speck darin anbraten, die gewürfelten Zwiebeln hinzufügen und glasig werden lassen. Aus der Kartoffelmasse kleine Bällchen formen, die in die Specksoße geben und unter ständigem Rütteln so lange backen, bis sie glasig aussehen. Im Tiegel zu frisch gebrühtem Kaffee servieren.

» Eine Zwischenmahlzeit, die in Thüringen zum Frühstück, aber auch zum Nachmittagskaffee verspeist wurde. Die Kartoffel ist aus der Küche Thüringens und ihrer Geschichte nicht wegzudenken. Kartoffeln werden, seit man hinter ihre nützlichen Zwecke kam, gebraten, gebacken und gesotten, sie kommen als ganze, in Schnippen, als Suppe, Brei, Klöße, Stampfkartoffeln oder eben als Hüllerchen auf den Tisch. Kaum etwas hat in Thüringen die Kochphantasie so angeregt wie die Kartoffel. «

Mosbacher Jägerfrühstück

Egal, auf wen das Rezept zurückgeht, freuen wir uns, daß weder die Jäger noch die Holzfäller aus Mosbach es geheimhielten.

400 g Schinkenspeck
30 g Butter
4 Scheiben Vollkornbrot
4 Eier
1 Bund Schnittlauch
4 mittelgroße Äpfel
1 Gläschen Meerrettich

Schinkenspeck in einer Pfanne von beiden Seiten anbraten und auf die Brotscheiben legen. Aus den Eiern unter Zugabe des feingeschnittenen Schnittlauchs lockere Rühreier herstellen und damit gleichmäßig den Schinken bedecken. Die Äpfel vierteln, Kerngehäuse entfernen und sternförmig an die Brotscheiben anlegen. In die Mitte einen Löffel scharfen Meerrettich legen.
Ein gutes Bier und ein eisgekühlter Doppelkorn ergänzen dieses herzhafte Gericht vortrefflich.
Anstelle von Schinkenspeck eignet sich auch Bierschinken oder Böhmische Schinkenpastete.

»Die ‚Stammväter' dieses kräftigen Frühstücks sollen nicht die Jäger, sondern die Holzfäller von Mosbach sein, einem Dorf in der Nähe von Eisenach. Gleichwie, Jäger wie Holzfäller waren und sind Frühaufsteher und dürften einem kräftigen Frühstück schon zugetan sein. Dieses Mosbacher Jägerfrühstück kann natürlich ebenso als eine rustikale Abendmahlzeit aufgetischt werden.«

Echter

Kochkäse – Brand-Matten

Durch die Verwendung verschiedener Gewürze lassen sich interessante Geschmacksnuancen herstellen. Versuchen Sie es doch einmal mit Paprika, Majoran, gestoßenem schwarzem Pfeffer oder Knoblauch.

750 g Speisequark (Magerstufe)
3/8 Liter dicke süße Sahne (Creme double)
1 TL Salz
3 EL ganzer Kümmel und weitere Gewürze nach Wahl
6 EL zerlassene Butter

Den Quark in einer Tonschüssel 3 bis 4 Tage mit einem feuchten Leinentuch abgedeckt warm stellen. Wenn sich der Quark mit einer leichten käseartigen Schicht überzogen hat, die süße Sahne und die Gewürze hinzufügen und zu einer glatten Masse verrühren. Nun den Quark mit den Zutaten in einem entsprechenden Gefäß unter ständigem Umrühren mit einem Holzlöffel bei kleiner Hitze erwärmen, bis die Masse anfängt, dick zu werden. Zum Schluß unter den gekochten Käse die zerlassene Butter ziehen und weiter köcheln lassen, bis der Käse glänzt und sich vom Topfboden löst. In eine Schüssel umfüllen und erkalten lassen.
Vollkornbrot, Butter und ein kühles Bier ergänzen Ihren Hausmacherkochkäse vortrefflich.

»Ein altes, echtes Hausrezept. Es erinnert daran, daß Thüringen frühzeitig schon auch Käseland war und viele Käsereien hatte. Der Erfurter Käsemarkt hieß schon 1293 ‚der alte', ein deutlicher Hinweis auf die weit zurückliegenden Anfänge der Rinderzucht. Nicht wenige Leute machten ihren Käse selber. Kleine, an Zaunpfählen befestigte oder zum Fenster heraushängende Stoffsäckchen zeigten es an. Beim Thüringer Kochkäse geht es natürlich schneller, und er schmeckt ausgezeichnet.«

Kopfsalat mit frischen Erdbeeren

In Bayern und Schwaben heißt es „gärteln“, in Thüringen ist das Hobby Gartenarbeit nicht minder alt. Was gelingt und den Gärtnerstolz befriedigt, kann auf dem Markt dann zu Recht mit dem Etikett „Aus eigenem Anbau“ oder „Garantiert ungespritzt“ angeboten werden.

Für die Marinade:
Salz
Saft von 1 Zitrone
Zucker
Öl
2–3 EL Weißwein

2 Köpfe Salat
200 g frische Erdbeeren
200–250 g Thüringer Schmant oder Vollmilchjoghurt
10 Pfefferkörner
1 Bund Petersilie

» Das ist gewiß eine überraschende Komposition von Obst, Gemüse, Weißwein und Gewürzen. Im Gartenland Thüringen wurden und werden die verschiedensten Salate und Früchte im Eigenbau gezogen, und so wurden in der Küche auch die im Garten gewachsenen Zutaten miteinander ausprobiert. «

Aus Salz, Zitronensaft, Zucker, Öl und Weißwein eine Salatmarinade rühren.
Den geputzten, gewaschenen und trockengeschüttelten Salat durch die Marinade ziehen und in einer Salatschüssel oder als Einzelportionen anrichten. Die gewaschenen und vom Blütenansatz befreiten Erdbeeren halbieren. Die Salatblätter nun mit dem etwas nachgewürzten Schmant oder Joghurt überziehen. Erdbeeren darüber verteilen und mit den grob zerdrückten Pfefferkörnern und gehackter Petersilie bestreuen.

Erfurter Puffbohnensalat

Alteingesessenen „Erfurter Bufbohnen" ist der Salat auch ohne Sülzfleisch Herrlichkeit genug. Sind die Wurststreifen dabei, ist es den meisten um so lieber.

500 g Puffbohnenkerne
Speiseöl
Salz
Essig
Zucker
200 g Zwiebeln
Pfeffer
1 hartgekochtes Ei
1 Bund Petersilie

Die Puffbohnen in Salzwasser aufkochen, Wasser abgießen, neu ansetzen und langsam weich kochen. Kalt abspülen und gut abtropfen lassen. Aus Öl, Salz, Essig, Zucker, Zwiebelwürfeln und Pfeffer eine würzige Salatmarinade herstellen und über die gekochten Bohnen gießen. Den Salat nun 1–2 Stunden kühl stellen. Beim Anrichten mit feingehacktem Ei und Petersilie bestreuen. – Einen ausgezeichnet schmeckenden Salat erhält man auch, wenn Streifen von Sülzfleischwurst mit untergezogen werden.

»Es ist noch gar nicht so lange her, da galten die Erfurter zu Recht als große Freunde der Puff-, Buf- oder Ackerbohne. Ihre Vorliebe für diese Hülsenfrucht brachte ihnen den über Thüringens Grenzen hinaus bekannten Spitznamen ‚Erfurter Bufbohnen' ein. Aber nicht nur dieser Spitzname – aus der Bufbohne machten die Leute die Puffbohne – erinnert an jene alte Schwäche für die Hülsenfrucht, sondern eben auch der pikante Puffbohnensalat.«

Brautradition seit 1865
Braugold
PEZIAL
Pils
RFURTER
ringer Tagespost
Bush ist wieder im Weißen Haus
vertuschen

Schusterpastete

So wie dieser Schuhmacher in Leutenberg für seine Arbeit wirbt, freut er sich bestimmt, wenn man bei ihm nach handgemachten Schuhen fragt.

600 g Kartoffeln
1 große Zwiebel
100 g roher Schinken
75 g Butter
2 Salzheringe
250 g Bratenreste
250 g saure Sahne
1 Ei
1 EL Mehl
Salz
Pfeffer

Die Kartoffeln nicht zu weich kochen, pellen und in Scheiben schneiden, mit der gewürfelten Zwiebel und den Schinkenstücken in Butter anrösten. Die gewässerten Heringe entgräten, ausnehmen und in Stücke schneiden. Eine Auflaufform ausfetten. Zuerst eine Schicht Kartoffeln einlegen, darüber die Braten- und Heringsstücke sowie Zwiebel- und Schinkenwürfel geben, weiter schichten, bis alles aufgebraucht ist. Zuoberst müssen Kartoffeln liegen. Die Sahne mit Ei und Mehl verquirlen, mit Salz und Pfeffer würzen, dann über die Kartoffeln gießen und die restliche Butter in Flöckchen aufsetzen. In den vorgeheizten Backofen schieben und bei 150 °C etwa 30 Minuten backen.

»Vielleicht war die Schusterpastete einst eine Spezialität beim Zunftfest der Schuhmacher. Denn Feste der verschiedenen Zünfte haben in Thüringen eine lange Tradition, mit spezifischen Sitten, Bräuchen und Tänzen. Schuster muß man freilich weder sein, um diese Schusterpastete zu bereiten, noch um sie zu verspeisen.«

Thüringer Bratmaul

Heute bietet er auf der Straße noch Roster oder Rostbratwurst an. Morgen könnte es – vielleicht in einem ansprechenden Imbißstand – auch Thüringer Bratmaul sein.

8 Brötchen
8–10 EL Mayonnaise
8 Wiener Würstchen
8 Scheiben Schnittkäse

Brötchen auf einer Seite einschneiden, die untere Hälfte mit Mayonnaise bestreichen. Je 1 Wiener Würstchen in 1 Scheibe Käse einwickeln und in das vorbereitete Brötchen legen. Die Brötchen im vorgeheizten Backofen langsam grillen, bis der Käse cremig zerläuft.

»Das erinnert fast an das Angebot einer Hot-Dog-Imbißbude. Aber das Thüringer Bratmaul – einem Maul ähnelt ja die aufgeschnittene Seite des Brötchens – ist älter und gewiß saftiger. Ein ausgesprochenes Schnellgericht, das dank seines Wohlgeschmacks leicht zum Leibgericht derer werden kann, die es erst einmal probiert haben. Und so vielleicht auch eine kulinarische Anregung für Hot-Dog-Köche!«

Tomatensalat mit Rotwurst

Die Erfurter hießen „des Heiligen Römischen Reiches Gärtner". Verdient hätten sie diesen späteren Ehrentitel an sich schon im 12. Jahrhundert, sagt der Romancier Karl Emil Franzos. Nicht wenige Gemüsegärten mitten in der thüringischen Landeshauptstadt oder an ihrem Rand unterstreichen diese Worte.

400 g Tomaten
200 g Fleischblutwurst
2 mittelgroße Zwiebeln
Salz
Pfeffer
Essig
Zucker
Öl

Nach Geschmack:
2 gekochte Eier
1 Bund Petersilie oder Schnittlauch
1–2 Äpfel

»Prächtig gediehene Tomaten bestimmen zu einem guten Teil Thüringer Gärtnerstolz. Und unter den Salatgemüsen besitzt die Tomate einen privilegierten Rang in der Küche. Gesellt sich ihr die Rotwurst zu – die nun einmal viele Liebhaber in Thüringen hat –, dann gilt das Entstandene wie eben dieser Salat als ausgesprochene Feinschmeckerei.«

Tomaten waschen, vom Blütenansatz befreien und je nach Größe in 4–6 Ecken schneiden. Die Fleischblutwurst enthäuten und in etwa 1 cm große Würfel schneiden. Wurst und Tomaten nun vorsichtig vermischen, danach die in Scheiben geschnittenen Zwiebeln hinzugeben, pikant abschmecken und kühl stellen. Vor dem Servieren kann man diesen Salat mit gekochten Eiern, gehackter Petersilie oder Schnittlauch und je nach Geschmack auch mit Apfelspalten dekorativ garnieren.
Eine Butterschnitte mit Schnittlauch schmeckt am besten dazu.

Brotsuppe mit Leberwurst

Weichen Sie einmal von der traditionellen Kombination ab und probieren Sie die gleiche Suppe mit Knackwurst: Sie werden beiden Varianten das Prädikat „ganz vorzüglich“ verleihen.

30 g Schmalz
1 Zwiebel
1 Stange Porree
1 Karotte
1 kleines Stück Knollensellerie
Kümmel
Knoblauch
300 g Schwarzbrot
125 g Thüringer Hausmacherleberwurst
1 ¼ Liter Fleischbrühe
Salz
Majoran
1 Bund Petersilie

» Eine echte Speise aus der thüringischen Suppenküche, die die zahlreichen in Thüringen angebauten Gemüsearten verwendet und mit den verschiedensten Gewürzen reichlich würzt. Diese Suppe hält mehr, als ihr Name vermuten läßt. Die Leberwurst gibt ihr zusammen mit den Gemüsen und Gewürzen Geschmack und Kraft, das Brot die Bindung. Sie hat hier von altersher einen Stammplatz, ist wenig aufwendig und macht Appetit auf den nächsten Gang. «

In heißem Schmalz Zwiebelscheiben, Porreestreifen, die geraspelte Karotte und Sellerie anschwitzen, mit etwas gehacktem Kümmel und Knoblauch würzen. Das zerbröselte oder in kleine Würfel geschnittene Schwarzbrot und die in große Würfel geschnittene Leberwurst dazugeben, mit Brühe auffüllen und etwa 20 Minuten durchkochen lassen. Mit wenig Salz und etwas Majoran würzen, mit reichlich Petersilie anrichten.

Süss-saure Linsensuppe mit Rotwurst

Damit die helle Schwitze keine Klumpen bekommt, verrühren Sie das Mehl unter langsamem Zugießen von Wasser zunächst zu einem dünnen Brei. Die Butter darf nur lichtgelb erhitzt und geschmolzen werden, und dort hinein geben Sie den Mehlbrei, rühren dabei gut und ständig weiter.

300 g Linsen
1 Liter Rinderbouillon
150 g geschälte rohe Kartoffeln
Salz
Pfeffer
Zucker
Essig
30 g Speck
2 mittelgroße Zwiebeln
Mehl
Butter
200 g Thüringer Rotwurst

» Hülsenfrüchte verzehren die Thüringer schon seit sehr langer Zeit, und beliebt ist auch heute, da es ihr an kulinarischen Raffinessen keineswegs mangelt, unvermindert echte Hausmannskost – wie eben diese Linsensuppe. Dazu gehört unbedingt Thüringer Rotwurst, die die Thüringer kennen und mit Wohlbehagen verspeisen, seit zu Hause geschlachtet wird. «

Linsen waschen und in reichlich (etwa 1 Liter) kaltem Wasser 12 Stunden quellen lassen. Mit dem Einweichwasser und der Brühe zum Kochen bringen. Nach der Hälfte der Garzeit – 25 bis 30 Minuten – Kartoffelwürfel zugeben und pikant abschmecken. Speck und Zwiebeln in kleine Würfel schneiden, glasig andüsten, unter Zugabe von Mehl und etwas Butter eine helle Schwitze herstellen. Die Linsen damit sämig binden, eventuell noch ein wenig nachwürzen. Nicht zu große Stücke der enthäuteten Thüringer Rotwurst in Terrine oder Teller geben, mit der heißen Suppe auffüllen und servieren. Dazu paßt am besten eine dicke Scheibe Landbrot.

Sauerkrautsuppe

Kenner und Liebhaber der thüringischen Küche haben sich von den „Edelgemüsen" ihr Sauerkraut nicht streitig machen lassen. Dazu ist es schon viel zu lange das Geschmackspendant zum Braten.

50 g Schweineschmalz
1 große Zwiebel
300 g rohes Sauerkraut
Salz
weißer Pfeffer
3 Wacholderbeeren
Kümmel
½ Lorbeerblatt
1 Liter kräftige Rinderbouillon
100 g Kartoffeln
250 g saure Sahne
100 g Vollkornbrot
1 Bund Petersilie oder Dill
Schweinebauch oder Schinken nach Geschmack

Schweineschmalz erhitzen und die in feine Würfel geschnittene Zwiebel darin glasig dünsten. Das etwas zerkleinerte Sauerkraut mit den Gewürzen zugeben und gut anschwitzen. Danach mit Rinderbouillon auffüllen, auf kleiner Flamme fertig garen, doch das Kraut nicht zu weich werden lassen. Kurz vor dem Garpunkt die Suppe mit geriebenen Kartoffeln binden, mit saurer Sahne verfeinern und mit gerösteten Brotwürfeln und reichlich Petersilie oder Dill bestreut zu Tisch geben. Mit einer Einlage von Schweinebauch oder Schinken ergibt sich eine gehaltvolle Mahlzeit.

»In Thüringen ist das Kraut nicht der absolute Favorit unter den Kohlgemüsen, aber nicht wenige essen vor allem würzig zubereitetes Sauerkraut gern. In den Bauernfamilien kommt Sauerkraut am häufigsten auf den Tisch, denn dort wird seit jeher Vorrat angelegt, so gut es nur geht. Ganze Kohlköpfe werden sauer eingelegt.«

Fernbreitenbacher Saure Brüh'

Ist Ihr Appetit nicht schon durch die Schlachtfestdüfte gekitzelt, dann tut das die Saure Brüh' ganz gewiß. Sie bereiten sie aber am besten im voraus zu und wärmen sie vor dem Servieren auf. Ähnlich wie beim Sauerbraten haben sich erst dann die Ingredienzien richtig verbunden.

200 g Schweinenieren
200 g Schweineleber
200 g Schweinebauch
Kümmel
Majoran
Pfeffer
Salz
Zucker
Essig
3 mittelgroße Zwiebeln
200 g Schweinegehacktes
50 g Weißbrot
100 g Schwarzbrot oder Mischbrot

Die Innereien und den Schweinebauch kurz abwaschen und in etwa 1 Liter heißem Wasser ansetzen, mit einem Teil der Gewürze weich kochen. Danach das Fleisch in nicht zu feine Streifen schneiden. Die Zwiebeln würfeln und in einem flachen Gefäß mit etwas abgeschöpftem Fett der Brühe anschwitzen, ohne daß sie Farbe nehmen. Zu diesem Ansatz die Streifen von Schweinebauch und Innereien geben, kurz durchziehen lassen, mit der Brühe auffüllen und nochmals kräftig erhitzen. Inzwischen aus dem frischen Gehackten kleine Klößchen formen und in der fast fertigen Suppe gar ziehen lassen. Das Brot ohne Rinde in sehr kleine Würfel schneiden und zur Bindung der Suppe unterziehen. Nochmals nachwürzen, mit Zucker und Essig herzhaft abschmecken.
Die Saure Brüh' schmeckt zu frischem rundem Landbrot besonders gut.

»Eine herzhafte Spezialität aus dem Thüringer Wald, die meist am Tag nach dem Schlachtfest in den Tellern dampfte. Häusliche Schlachtfeste gibt es auch heute noch. Meist muß ein Schwein dafür mit seinem Leben bezahlen. In Südthüringen wird die vom Kochen der Blut- und Leberwurst zurückbleibende Wurstsuppe an die Verwandtschaft im Ort ausgetragen. Zum Abendessen gibt es dort den *Stichbroat,* den Stichbraten. Das ist das Fleisch von jener Körpergegend des Tieres, in der es durch Stich zu Tode kam.«

Schwarze Brüh'

Lassen Sie sich von der Phantasie zur Ernte duftenden Heus in eines der anmutigen Bergdörfer Thüringens entführen. Dann schmeckt die Schwarze Brüh' gleich noch einmal so gut.

3/8 – 1/2 Liter Wasser
400 g Rauchfleisch
40 – 60 g Rosinen
1 EL Zuckerrübensirup
3 Nelken
3 Wacholderbeeren
1 Lorbeerblatt
etwas Mehl
1 Ei
Salz
1 EL Essig

»Fehlt einem heutzutage die Zeit zum Kochen, dann greift man zum Fertiggericht. Wenn Hausfrauen früher zu wenig Zeit hatten, das Mittagessen zu bereiten, weil sie bei der Kartoffel- oder Heuernte gebraucht wurden, dann verwerteten sie häufig Reste. So entstand dieses sehr alte Gericht in den Thüringer Bergdörfern, das im Lauf der Zeit etwas verfeinert und variiert worden sein dürfte.«

Alle bis auf die letzten vier Zutaten weich kochen, mit Mehl andicken. In die kochende Brühe 1 Ei rühren und sofort vom Feuer nehmen. Mit Salz, Essig und Sirup süß-sauer abschmekken. Dazu Kartoffelbrei oder auch Reis geben.

Weimarer Zwiebelmarktsuppe

Goethe hielt viel von gutem Essen. In seinem Gedicht „Diner zu Koblenz“ läßt er uns wissen:
„Zwischen Lavater und Basedow
saß ich bei Tisch des Lebens froh.
Und ich behaglich unterdessen
hätt' einen Hahnen aufgefressen.“

6 mittelgroße Zwiebeln
100 g Kochsalami oder ähnliche Wurst
4 EL Öl
75 g Margarine
1 Apfel
Salz
Zucker
Essig
1½ Liter Fleischbrühe
4 Brötchen
75 g Reibekäse
Petersilie

Die Zwiebeln in Scheiben und die Wurst in Streifen schneiden. Beides in Öl und Margarine goldgelb anschwitzen. Den feingeriebenen Apfel, 1 Prise Salz, Zucker, ½ Eßlöffel Essig dazugeben, mit Brühe auffüllen, mit etwas Salz abschmecken und so lange kochen, bis die Zwiebeln fast weich sind. Die Brötchen längs halbieren, in Margarine knusprig braten und auf die Suppe geben. Vor dem Anrichten die Suppe mit Reibekäse und gehackter Petersilie bestreuen.

»Auf dem Weimarer Zwiebelmarkt wird neben Zwiebelkuchen und Zwiebelzöpfen auch diese reichhaltige und würzige Suppe angeboten. Von da hielt sie Einzug in die Thüringer Küche. Wahrscheinlich war auch Goethe ein Freund dieser Zwiebelmarktsuppe, denn Zwiebeln mochte er auf jeden Fall. Wie Karl Friedrich Zelter 1827 nach einem Besuch bei dem Dichterfürsten seiner Tochter schreibt, ließ Goethe ‚davon für 14 Pfennig für das ganze Jahr einkaufen und hing sie an seinem Fenster patriotisch auf, was einiges Aufsehen machte‘.«

Thüringer Tagespost
Mittwoch

Braugold
SPEZIAL
WEIM

HAUPTGERICHTE MIT FISCH, FLEISCH, WILD UND GEFLÜGEL

HERINGSKARTOFFELN

Wie bei Arme-Leute-Essen nicht anders zu erwarten, sind Varianten möglich, ohne daß der Charakter des Gerichtes verloren ginge. Der Salzhering kann sich so vom Bismarckhering oder auch vom Bückling vertreten lassen.

750 g Kartoffeln
450 g Salzheringe
3–4 Zwiebeln
50 g Butter
3 EL Paniermehl
2 Eier
150–200 g saure Sahne
Pfeffer
Salz

Die Kartoffeln kochen, pellen und abkühlen lassen. Die gewässerten Heringe ausnehmen, entgräten, abziehen und in Filetstücke schneiden. Die geschnittenen Zwiebeln in Butter goldgelb anschwitzen. Eine Backform ausbuttern, mit Paniermehl ausstreuen und lagenweise Kartoffelscheiben, Heringsstückchen und Zwiebeln einfüllen. Eier und Sahne, Pfeffer und Salz gut durchschlagen, gleichmäßig über die Backform gießen, mit dem restlichen Paniermehl bestreuen, einige Butterflöckchen aufsetzen, bei mittlerer Hitze im Backofen ungefähr 30–40 Minuten backen.

» Eine ganze Anzahl der urtümlichen thüringischen Küchengerichte entstand als Arme-Leute-Essen in den Häusern der Knechte und Mägde, der Heim- und Fabrikarbeiter. Dort waren Hering und Kartoffeln oft der ganze Küchenvorrat. Was die Hausfrau daraus – mit einigen wenigen Zutaten und mit Phantasie – zu zaubern vermochte, davon zeugen auch diese Heringskartoffeln. «

Karpfen auf Thüringer Art

Die Saale, in der sich Schloß Burgk bei Schleiz spiegelt, wird in ihrem Oberlauf mehrmals als Trinkwasserspeicher gestaut. Weiter unten indes dürfte ihre Wasserqualität für Speisefische wie Karpfen noch lange nicht wieder ausreichen. Doch aus welchem größeren Fluß im industrialisierten Mitteleuropa darf ein Angler überhaupt bedenkenlos einen Fisch zum Essen ziehen?

1 großer Karpfen, etwa 1 kg
Butter
250 g Weintrauben
2 Äpfel
4 EL geriebener Meerrettich
Salz
Zucker

Der Karpfen wird, wie gewohnt für blau gekochten Fisch, zubereitet: so wenig wie möglich anfassen, direkt gar kochen, herausnehmen und mit Butter bestreichen. Dazu reicht man folgende Sauce: Weintrauben waschen und durch ein Sieb streichen, Äpfel schälen und raspeln, beides mischen. Zum Schluß den Meerrettich zugeben und mit Salz und Zucker abschmecken.

» Vom Silvesterkarpfen einmal abgesehen, ist dieser fette Geselle aus dem Reich der Fische in deutschen Landen nicht der Favorit unter den Fischspeisen. Anders in Thüringen. Dort wurden auf den mittelalterlichen Märkten auch Aal, Lachs und Hering gehandelt. Aber die weiten Transportwege und die fischärmer werdenden Gewässer ließen den Fisch im allgemeinen in Thüringens Küche nicht zur Tradition werden. Das verschaffte dem Karpfen den Vorteil in der Gunst der Leute, da sie ihn in heimatlichen Gewässern züchten und bei Bedarf lebend verfügbar haben. «

Karpfen in Braunbier

Scheuen Sie nicht den Aufwand für diese Art Karpfen. Es muß nicht immer Hecht oder Dorsch sein, um ein ungewöhnliches Gericht auf den Tisch zu bringen. Wohl soll sich der Fisch bei der Zubereitung in Braunbier tummeln, doch Sie dürfen ihn zum Essen ruhig in einem guten Pils schwimmen lassen. Freilich fühlt er sich auch in Wein wohl.

1 mittelgroßer Karpfen
Saft von 1 Zitrone
Pfeffer
100 ml Rotwein
200 g Karotten
100 g Knollensellerie
Salz
2 Flaschen Doppelkaramelbier
1 mit Lorbeer und Nelken gespickte Zwiebel
80 g Butter
60–80 g Honigkuchen
40 g Sultaninen
Zucker
Essig
50 g Mandeln

Den Karpfen halbieren, Kiemen entfernen, säubern und in 4 Teile zerlegen. Mit Zitronensaft, Pfeffer und Rotwein marinieren und etwa 2 Stunden kühl stellen.
In der Zwischenzeit die geputzten Karotten und den Sellerie in streichholzgroße Streifen schneiden. Nun in einem flachen Gargefäß den marinierten Karpfen einlegen und salzen, mit dem Bier und der restlichen Marinade unter Zugabe einer gespickten Zwiebel übergießen. Kurz aufkochen und etwa 20 Minuten gar ziehen lassen. Jetzt die Gemüsestreifen in Butter knackig anschwitzen. Den fertigen Karpfen aus dem Gargefäß nehmen und warm halten. Den Sud durch ein feines Sieb passieren, mit dem geriebenen Honigkuchen sämig binden, kurz aufkochen und die eingeweichten Sultaninen sowie die Gemüsestreifen unterziehen. Die Karpfenstücke wieder in die fertige und nochmals nachgewürzte Sauce geben und kurz erwärmen. Beim Servieren den Karpfen mit der Sauce übergießen und mit gehackten Mandeln bestreuen.
Als Beilage eignen sich Petersilienkartoffeln.

»Eine etwas anspruchsvollere, vor allem arbeitsaufwendige thüringische Karpfenspeise, ganz gewiß. Denn es ist eine wahre Veredelungsleistung, die hier mit Hilfe vieler Zutaten am Karpfen vollbracht wird. Früher nahm man vermutlich Erfurter Braunbier, die ‚Schlunze', dazu. Aber das gibt es nicht mehr.«

Bierfleisch mit Kümmel und Apfelscheiben

3 große Zwiebeln
500 g Schweinegulasch
80 g Schmalz
Salz
Pfeffer
Paprika edelsüß
Kümmel
50 g Weizenmehl
½ Flasche Pilsner
nach Bedarf etwa
½ Liter Fleischbrühe
2 Zehen Knoblauch
2 Äpfel
50 g Butter
1 Bund Petersilie oder
Schnittlauch

Die in Scheiben geschnittenen Zwiebeln mit den Fleischwürfeln in Schmalz kräftig anbraten, mit Salz, Pfeffer, Paprika und reichlich gemahlenem oder gehacktem Kümmel würzen und mit Mehl abstäuben.
Danach mit dem Bier ablöschen und mit Flüssigkeit (Wasser oder Brühe) bedecken, den feingeschnittenen Knoblauch beifügen und verschlossen fertig schmoren.
Äpfel vom Kerngehäuse befreien oder ausstechen und in etwa ½ cm starke Scheiben schneiden, in Butter von beiden Seiten anschwitzen und als Garnitur auf das fertige Bierfleisch setzen. Zum Schluß reichlich mit gehackter Petersilie oder geschnittenem Schnittlauch bestreuen.

» Auch bei dieser Fleischspeise sind wieder, typisch für die Küche Thüringens, Bier und reichlich Gewürze wohlabgewogen im Spiel. Die Köche in Thüringen ließen und lassen sich von dem Sprichwort leiten, wonach sich Gegensätze anziehen. So haben sie nicht selten, ob am häuslichen Herd oder in den Hotel- und Restaurantküchen, scheinbare geschmackliche Gegensätze wie Obst, Fleisch und Bier zu sehr schmackhaften Gerichten vereint. «

Blutwurst mit sauren Linsen

Der Kessel dampft, die Düfte ziehen, wir freuen uns auf die frische Wurst vom Schlachten.

350 g Linsen
2 Stangen Porree
1 Petersilienwurzel
1 Stück Sellerieknolle
2 Karotten
Salz
2–3 EL Essig
100 g durchwachsener Speck
2 Zwiebeln
500 g frische Blutwurst

» Linsen und Blutwurst sind in Thüringer Kochtöpfen schier unzertrennlich. Mit einer Einschränkung – wo die Blutwurst ist, sind nicht immer die Linsen, aber wo die sind, da ist die Blutwurst auf jeden Fall nicht weit. «

Linsen am Vortag in 1 bis 1 ½ Liter Wasser einweichen. Porree, Petersilienwurzel, Sellerie und Karotten putzen, waschen, abgetropft in kleine Stücke schneiden und mit den Linsen im Einweichwasser bei milder Hitze etwa 1 ¼ Stunden garen. Anschließend mit Salz und Essig kräftig-pikant abschmecken. Den Speck würfeln und in einer Pfanne auslassen. Die feingewürfelten Zwiebeln darin knusprig braten. Speck- und Zwiebelwürfel über die Linsen geben. Die Blutwurst im Speckfett anbraten. Dann mit den Linsen und Salzkartoffeln servieren.

Fuhrmannsbraten

Heute ziehen manche ihrer Artgenossen Planwagen nur noch zum Vergnügen der Leute, die die Landschaft genießen. Doch unternehmungslustig wirken diese drei Pferde allemal.

50 g Schmalz
1,5 kg hohe Rippe vom Rind
Salz
Pfeffer
Paprika
150 g Suppengrün
1 Zwiebel
1 Tomate
1 Lorbeerblatt
4 Pimentkörner
1 TL gehackter Kümmel
1–2 EL saure Sahne
1–2 EL Mehl

Schmalz in einem eisernen Schmortopf erhitzen. Das Fleisch salzen und pfeffern, mit Paprika einreiben und in dem heißen Fett beidseitig braun anbraten. Nun das Suppengrün und die gehackte Zwiebel mit anrösten, dabei öfters umrühren. Anschließend die Tomate und die Gewürze zugeben, kräftig mit anrösten und dann mit 3/8 Liter Wasser angießen. 1½ bis 2 Stunden das Fleisch schmoren lassen.
Danach herausnehmen, den Fond mit dem in saurer Sahne angerührten Mehl eindicken und mit Salz und Pfeffer abschmecken.
Die Sauce durch ein Sieb gießen und in der Sauciere extra reichen.
Den Braten ergänzen vorzüglich Thüringer Klöße und Porreegemüse.

» Die Thüringer Fuhrleute brachten vor Jahrhunderten Gewürze, Weine oder Nordseeheringe nach Thüringen und kamen weit im Land herum. Vielleicht hatten sie eine Vorliebe für dieses Mahl, wenn sie in einer der am Wege liegenden Gaststätten Rast hielten. Vielleicht hat der Braten seinen Namen aber auch daher, daß die Fuhrleute Zutaten wie Gewürze als erste kennenlernten und begutachteten. «

Eisenacher Kachelwurst

1 kg Schweinekamm
1 Rippe Schweinebauch
1 Lorbeerblatt
Salz
5–8 kleine Brötchen
2 große Zwiebeln
Pfeffer
Salz
Majoran
¼ Liter Blut
Fett zum Braten

»Auch die Kachelwurst entstammt dem häuslichen Schlachtfest. Sie ist wie die Rostbratwurst eigentlich eine Imbißwurst, ansonsten mit ihr jedoch nicht zu vergleichen. Sie hat ihre Anhänger vor allem in der Eisenacher Gegend. Allerdings konnte sie die Popularität der Rostbratwurst nie erreichen.«

Nicht auszuschließen, daß Martin Luther Liebhaber solch deftiger Speisen war. Die Eisenacher hätten sie ihm vor bald fünfhundert Jahren sicher schon bereiten – und dann auf einen deftigen Spruch von ihm warten können.

Fleisch mit Lorbeerblatt und Salz nicht zu weich kochen. Brötchen in Würfel schneiden, mit der Fleischbrühe übergießen und etwas stampfen. Kleingeschnittenes Fleisch, Zwiebelwürfel und Gewürze unterheben und abschmecken. Zum Schluß das durchgesiebte Blut zugeben. Bratpfanne mit Fett ausreiben, die Wurstmasse hineingeben und alles in den heißen Backofen schieben. 1½ Stunden bei Mittelhitze backen. Die Oberfläche muß schön krustig werden.

PFANNENKLOSS

Dieses Rezept vereint in idealer Weise wesentliche Bestandteile der Thüringer Küche in sich.
Wenn Sie Äpfel statt Birnen verwenden, sollten vorher die Kerngehäuse ausgestochen werden.

1 kg Schweinefleisch
Salz
Pfeffer
1 kg Mehl
15 g Hefe
½ Liter Milch
1 Ei
250 g Butter
Muskat
20 Birnen
Zucker

Das Schweinefleisch tags zuvor mit 1 Eßlöffel Salz und etwas Pfeffer einreiben und etwa 12 Stunden gut durchziehen lassen.
Aus dem Mehl, der Hefe und 150 ml Milch einen Vorteig kneten und 45 Minuten gehen lassen. Dann gibt man die restliche Milch, das Ei, die Butter, 1 Teelöffel Salz und etwas Muskat dazu, mengt einen nicht zu festen Teig und läßt diesen noch einmal 45 Minuten gehen.
Die Birnen werden geschält und mit Zucker gut eingestreut. Dann in die Mitte einer großen, gut schließenden Pfanne das Schweinefleisch legen, auf die eine Seite den Teig, auf die andere die Birnen, die Pfanne halb voll mit kaltem Wasser gießen und in den Backofen schieben. Hier muß die Speise 3 Stunden bei mäßiger Hitze backen, so daß Kloß und Fleisch eine braune Kruste bekommen. Sollte die Sauce zu sehr einkochen, so muß man etwas nachgießen.

» Dieser Kloß hat es in sich, man beachte die Zutaten. Dabei erinnert er nach Zubereitung und Aussehen gar nicht an das, was man sich unter einem richtigen Kloß vorstellt. Aus der Unmenge thüringischer Kloßrezepte ragt er nicht nur dadurch heraus, daß er auf die Zutat Kartoffel verzichtet, sondern auch, weil er das Fleisch, das viele Thüringer Kloßarten neben sich auf den Teller bringen, in sich verkörpert. Ein kräftiges Mahl mit ausgezeichnet aufeinander abgestimmten Geschmackskomponenten. «

Räuberspiesse

In den Vorbergen der Rhön hauste einst der gefürchtete Räuber Paulus, der mit dem Teufel einen Pakt geschlossen hatte. Paulus konnte die Menschen, die er mit seiner Bande berauben wollte, an Ort und Stelle festbannen. Wurde er selbst einmal gefangen, war er am nächsten Morgen wieder auf und davon.
Dies ging so, bis ihn der Schlosser Joseph von Wiesenthal, der auch ein Hexenmeister war, in einer Höhle bei Glattbach, dem „Paulusloche", festnahm. Denn der hatte zu diesem Zweck ein besonderes Schloß gebaut, das Paulus trotz seiner Zauberkraft nicht wie die anderen Schlösser aufzublasen vermochte.

2 Schweinelendchen
Salz
Pfeffer
Paprika
Rauchfleisch
Zwiebel
Gewürzgurken
Bockwürste
Weißbrot
Öl

Die Schweinelendchen in kleine Scheiben schneiden, leicht mit der Hand klopfen und mit Salz, Pfeffer und Paprika würzen. Zusammen mit Rauchfleisch, Zwiebel-, Gurken-, Bockwurst- und Weißbrotscheiben auf Spieße reihen – an beiden Enden der Spieße soll sich Brot befinden –, mit Öl bepinseln und auf dem Rost grillen.

»Ob Lagerfeuer oder Holzkohlerost, Gegrilltes gehört in Thüringen zur romantischen Stimmung von Mahlzeiten in der Natur. Vor Jahrhunderten schon boten die Köhler an ihren Köhlerhütten Reisenden gegrillte Imbisse an. Ein Reisebericht aus dem 16. Jahrhundert vermerkt aus Oberschönau im Thüringer Wald: ‚Die von den rußigen Köhlern selbst bereiteten Röstbrote, Bebes genannt, schmecken vorzüglich.' Spießbraten lassen Romantik aufkommen, so wie sie einst bei den Räubern ab und an geherrscht haben mag.«

Rhön-Schäfer-Essen

Das ursprüngliche Kirchweihfest entwickelte sich in Thüringen zur Kirmes, einem Volksfest meist nach dem Einbringen der Ernte. Ob im Eichsfeld oder in der Rhön, ein saftiger Happen vom Hammel gehört dazu. Und er schmeckt auch ganz ohne ein Fest.

600 g Hammelfleisch vom Blatt oder Rücken, ohne Knochen
Salz
1 Zehe Knoblauch
500 g Zwiebeln
1 Lorbeerblatt
Kümmel
Pfeffer
gekörnte Brühe

Das Hammelfleisch mit Salz und dem zerdrückten Knoblauch würzen, dann mit Hilfe von Küchenfaden oder einem fertigen Netz zur Rollbratenform wickeln. In etwa 1 Liter Wasser mit Zwiebelscheiben, Lorbeerblatt, Kümmel, Pfeffer und gekörnter Brühe bei geschlossenem Topf in etwa 2 Stunden bei schwacher Hitze gar kochen. Dazu Kartoffelstampf und Rote-Bete- oder Bohnensalat reichen.

» Nachdem in Thüringen zur Rinder- und Schweinezucht mehr und mehr auch die Schafzucht hinzukam, hielt das Hammelfleisch merklich Einzug in die thüringische Küche. Zur Kirmes wurde vielerorts der feisteste Hammel dem Erntefest geopfert. Aber die Schäfer mußten damit nicht bis zur Kirmes warten, sie hatten ihre eigenen Feste, die weit verbreiteten Schäferfeste. Auch in der Rhön, in kargen Waldgegenden, wo das Wort galt: ‚Bienen und Schafe ernähren ihre Herren im Schlafe.' Seither ist der Hammel, gekocht oder gebraten, nicht nur eine Empfehlung für das Schäfer-Essen. «

RINDFLEISCHWÜRFEL PIKANT GESCHMORT

Als kleinste Brauerei Thüringens gilt ein musealer, doch voll funktionsfähiger Betrieb in Singen bei Stadtilm. Dort wird Bier nach uraltem Verfahren gebraut und in dem zum Familienbetrieb gehörigen Gasthaus auch ausgeschenkt.

500 g Rindergulaschfleisch
½ Liter Bier
100 g Schinkenspeck
300 g Zwiebeln
Salz
Pfeffer
Paprika
Kümmel
Majoran
Fleisch- oder gekörnte Brühe
100 g Tomatenmark
60 g Weizenmehl
Saft von 1 Zitrone
1 Bund Dill oder Petersilie

Das Rindfleisch in etwa 1 cm große Würfel schneiden und in einer Porzellanschüssel mit dem Bier 6 Stunden kühl stellen. Speck und Zwiebeln in feine Würfel schneiden und in einem flachen Gefäß glasig anschwitzen. Danach die abgetropften Rindfleischwürfel hinzugeben, mit Salz, Pfeffer, Paprika, gehacktem Kümmel und einer Spur Majoran würzen, mit der Marinade ablöschen und zugedeckt auf kleiner Flamme oder im Backofen weich schmoren. Von Zeit zu Zeit etwas Wasser oder Brühe angießen. Die Flüssigkeit muß das Fleisch gerade bedecken. Wenn die Rindfleischwürfel fast weich sind, das Tomatenmark unterziehen, mit angerührtem Weizenmehl binden, mit dem Zitronensaft vollenden und kurz durchkochen. Beim Servieren mit reichlich feingehackten Küchenkräutern bestreuen. Lockeren Kartoffelbrei oder Butterreis als Beilage reichen.

»Fast ebensooft wie Wein wird in der thüringischen Küche Bier zur Veredelung des Geschmacks von Saucen und Fleischgerichten verwendet. Waren Brauhäuser in Thüringen ursprünglich nur von den Klöstern erbaut worden, entwickelten sich mit dem Entstehen der festen Städte im 10. Jahrhundert auch die privaten Brauereien.«

Rostbrätel

4 dicke Schweineschnitzel
(à etwa 200 g)
helles Bier
2 Zwiebeln
Salz
Pfeffer
Schmalz
scharfer Senf
Brot nach Belieben

»Dieses fette Schweineschnitzel, das wie die Rostbratwurst über Holzkohlefeuer auf dem Rost gebraten wird, ist in Thüringen so etwas wie deren vornehmer Verwandter. Beide liegen auf dem Rost oft beieinander.«

Am Tag vor dem Verzehr legt man die Schnitzel in Bier mit in Scheiben geschnittenen Zwiebeln ein.

Die Schnitzel abtropfen lassen, mit Salz und Pfeffer kräftig würzen. In der Pfanne das Schmalz erhitzen, die Schnitzel darin unter häufigem Wenden von beiden Seiten knusprig braun braten. Dabei öfter mit Bier bestreichen. Dann aus der Pfanne nehmen, das Fett etwas abtropfen lassen und mit scharfem Senf und Brot essen.

Rotwickel mit Rinderfüllung

8 große Rotkrautblätter
3 EL Essig
1 Gewürznelke
Salz
Pfeffer
Zucker
200 g Steinpilze oder Pfifferlinge
50 g Butter
650 g Rindergehacktes
1 Ei
1 Brötchen
2 EL süße Sahne
¼ Liter Fleischbrühe
1 EL Mehl
etwas Rotwein

Die Rotkrautblätter in 1 Liter Wasser mit Essig, Nelke, Salz, Pfeffer und Zucker (je eine kräftige Prise) etwa 5 Minuten kochen und dann auf einem Sieb abgießen. Die gesäuberten und geschnittenen Pilze in heißer Butter etwa 5 Minuten anschwenken und durch den Fleischwolf drehen.
Aus dem Rindergehackten, dem Ei, dem eingeweichten Brötchen, Sahne, Salz und Pfeffer eine Masse herstellen, unter die man abschließend die Pilze rührt. Auf die Rotkohlblätter gleichmäßig die Hackmasse verteilen, dann die belegten Blätter zu Kohlrouladen rollen. In einer Ofenpfanne läßt man Butter heiß werden und legt die Rotkrautwickel eng nebeneinander hinein. Im Backofen die Krautwickel etwas Farbe nehmen lassen und dann die Brühe zugießen. Nach insgesamt 1 Stunde Bratzeit sind die Rotkrautwickel gar. Die Sauce mit Mehl binden, das man in etwas Rotwein angerührt hat. Nochmals durchkochen lassen und mit Salz, Pfeffer und einer Prise Zucker herzhaft abschmecken.

»Im Gemüseanbau Thüringens nehmen die verschiedenen Kohlsorten, nicht nur Blumen-, auch Weiß- und Rotkohl einen hervorragenden Platz ein. So auch in der thüringischen Küche, wo die Kohlröschen oder -blätter auf das genußvollste veredelt werden. Kohl ist genauso Gemüsebeilage, Hauptgericht wie Suppensubstanz. Da gibt es die bekannte Kohlroulade aus Wirsing oder die Krautsuppe – und die weniger bekannten Rotwickel mit Rinderfüllung, etwas aufwendiger in der Zubereitung, aber um so größer das Vergnügen beim Essen.«

Süss-saures Schweinefleisch

Was geschmacklich gegensätzlich ist, läßt sich nur scheinbar schlecht verbinden. Der so verstärkte Gaumenkitzel ist gewollt und wird deshalb nicht nur in Thüringen seit langer Zeit bewußt eingesetzt.

500 g geräuchertes Schweinefleisch
Butterschmalz
2 Zwiebeln
¾–1 Liter Fleischbrühe
Korinthen
Lorbeerblatt
je 4–5 Pimentkörner und Wacholderbeeren
Pfeffer
Salz
Mehl
Sirup
Essig

»Viehzucht in Thüringen war anfänglich Rinder-, später dann auch Schweinezucht. Und seitdem sind Schweine in Thüringen so beliebt, daß fast alle ihrer Art dieser Gunst ihr Leben opfern müssen. Denn der Thüringer vertilgt durchschnittlich immerhin ein stattliches Schwein im Jahr. Die wohlausgewogene Verwendung der Zutaten in diesem Rezept geben dem Fleisch den süß-sauren Geschmack und lassen das Gericht zu einem pikanten Mahl werden.«

Das Fleisch kurz auf beiden Seiten anbraten, feingehackte Zwiebeln dazugeben und goldgelb werden lassen. Fleischbrühe aufgießen, Korinthen, Lorbeerblatt, Pimentkörner, Wacholderbeeren, Pfeffer und Salz dazugeben, etwa 1½ Stunden garen lassen. Die Sauce mit angerührtem Mehl andicken, mit Sirup und Essig abschmecken. Dazu Kartoffelklöße reichen.

Schweinezunge mit Meerrettichsauce

500 g Schweinezunge
3 Zwiebeln
2 Knoblauchzehen
Salz
Pfefferkörner
Pimentkörner
Wacholderbeeren
1 Lorbeerblatt
etwa 150 g frische Meerrettichwurzel
50 g Butter
50 g Mehl
1 Schuß Weißwein
200 ml süße Sahne
Saft von ½ Zitrone
Zucker

Die Zunge mit 2 Zwiebeln, dem Knoblauch, etwas Salz und den anderen Gewürzen etwa 1½ Stunden weich kochen, abkühlen lassen und die Haut abziehen.
Den geputzten Meerrettich in Scheiben schneiden (oder 1 Glas geriebenen Meerrettich verwenden). In der Butter zusammen mit einer feingehackten Zwiebel dünsten, mit Mehl bestäuben, gut verrühren, den Weißwein und etwas Zungenbrühe aufgießen, eindicken lassen. Den dicken Sud durch ein Sieb streichen, die süße Sahne und den Zitronensaft sowie 2–3 Butterflöckchen unterrühren, nochmals kurz aufkochen lassen und mit Salz, Pfeffer und einer Prise Zucker nachwürzen. Die Zunge längs in Scheiben schneiden, mit der Meerrettichsauce übergießen. Dazu Thüringer Klöße reichen.

»Den Meerrettich bauen die Thüringer ebenso wie Knoblauch, Majoran und vieles andere für den Eigenbedarf seit langem selber an. Meerrettich gibt dem Geschmack vieler Gerichte, vor allem Suppen, Saucen und Salaten, einen gewissen Pfiff. Wie vortrefflich er das tut, das beweist er auch mit dieser Schweinezunge, die Sie sich auf der Zunge zergehen lassen sollten.«

Schweisskuchen

Sauerkraut und Kartoffelstampf sowie ein Glas Buttermilch ergänzen diesen würzigen „Kuchen". Man kann als Beilagen aber auch Röstkartoffeln und rohen Sauerkrautsalat servieren.

300 g Schweinebauch
Salz
1 Lorbeerblatt
Gewürznelken
5 Zwiebeln
2–3 altbackene Brötchen
200 g Hackfleisch
Pfeffer
Majoran
½ Zehe Knoblauch
½ Liter Schweineblut
1 Stange Porree

Der Schweinebauch wird in kochendem Gewürzsud aus Wasser, Salz, Lorbeerbatt, 2 bis 3 Nelken und 3 Zwiebeln fast gar gekocht und in Würfel geschnitten. Einen Teil der entstandenen Fleischbrühe verwendet man zum Einweichen der 2 bis 3 altbackenen Brötchen, die vorher ebenfalls in größere Würfel geschnitten wurden. Zu den Fleischwürfeln das frische Gehackte und 2 kleingeschnittene Zwiebeln geben. Danach würzt man mit Salz, Pfeffer, Majoran und wenig Knoblauch, mengt die Masse gut durch, gibt die eingeweichten Brötchen hinzu, rührt das Schweineblut darunter. Die so entstandene Masse nun in eine gut gefettete Pfanne geben, glattstreichen und bei 150 bis 180 °C im vorgeheizten Backofen ½ Stunde backen, noch einmal gut durchrühren. Nach nochmals 30 Minuten Backzeit gibt man unter Rühren feingeschnittene Lauchstreifen hinzu. Etwa ¼ Stunde später bildet sich eine Kruste, und der Schweißkuchen ist durch und durch braun.

» Auf Kuchengenuß sollte der Geschmackssinn freilich nicht eingestellt sein, wenn der Schweißkuchen serviert wird. Dann wäre es schon eine Enttäuschung. Nicht aber, wenn man eine würzigkräftige Speise erwartet, deren Namen sich sicher vom weidmännischen Begriff Schweiß für Blut herleitet. Die Idee für den Schweißkuchen könnten Jäger entwickelt haben, genausogut kann sie aber auch bei der Hausschlachtung entstanden sein. «

Stolzer Heinrich

König Heinrich IV. (geb. 1050) versuchte während seiner Regierungszeit vergeblich, die zerrüttete Reichsgewalt wiederherzustellen. So gleicht sein Leben eigentlich einem immerwährenden Streit. Der berühmte Gang nach Canossa ist darin nicht viel mehr als ein Bausteinchen. Zuvor drohte Papst Gregor VII. Heinrich mit Absetzung, der ließ den Papst seinerseits für abgesetzt erklären, Gregor sprach über Heinrich den Bann, Heinrich ging nach Canossa, mußte aber in dieser Zeit die Wahl eines Gegenkönigs hinnehmen.

6–8 Bratwürste
20 g Butter
2 EL Mehl
¼ Liter Fleischbrühe
1 EL Essig
2 Lorbeerblätter
Rosmarin
jeweils 1 Prise Salz
Pfeffer
Ingwerpulver
1 Zitrone
5–6 Kapern
50–60 ml Wein

Die Bratwürste werden halbgar gebraten. In brauner Butter Mehl rösten, etwas Fleischbrühe und Essig zugießen, Lorbeerblätter, Rosmarin, Salz, Pfeffer und etwas Ingwerpulver zugeben und zusammen kochen. In diese Sauce die Bratwürste legen, einige Zitronenscheibchen, die Kapern und den Wein hinzugeben und alles bei schwacher Flamme kurz durchziehen lassen.

»Jener ‚stolze Heinrich', von dem die Bratwurst ihren Namen entlehnt hat, war König Heinrich IV., der sich 1077 vom römischen Papst Gregor VII. in Canossa demütigen lassen mußte, um vom Bann losgesprochen zu werden. Daß die Thüringer diesen Namen nun ausgerechnet einer Bratwurst liehen, die sauer eingelegt wird, könnte man so deuten, daß der stolze König diesen Gang nach Canossa seinerzeit nur mit sehr saurer Miene vollbracht haben dürfte.«

Topfbraten

Sicher nichts für Zartbesaitete ist eine Hausschlachtung. Doch wenn anschließend solch ein leckeres Gericht aufgetischt wird, süß-sauer abgeschmeckt, dann läßt sich bestimmt niemand zweimal bitten.

3 Zwiebeln
Zucker
Salz
Weinessig
¼ Liter Fleischbrühe
Nelken
6 Pfefferkörner
4 dicke Scheiben Honigkuchen
1 kg Zunge, Schnauze, Backe, Niere, Herz, Ohr und einige Schwarten vom Schwein
½ Zitrone

» Es ist ein altes, weitverbreitetes, deftigkräftiges Fleischgericht und ganz bestimmt ein Abkömmling der traditionellen Hausschlachtung. Alles, was nicht weiterverarbeitet wurde, kam in den Topf und wurde zum schnell bereiteten Thüringer Topfbraten. «

Die Zwiebeln werden mit ½ Teelöffel Zucker und ½ Teelöffel Salz in Weinessig gekocht und zur Fleischbrühe gegeben. Mit gemahlenen Nelken und Pfefferkörnern abschmecken. Dazu gibt man so viel geriebenen Honigkuchen, bis die Sauce sämig wird, fügt das in Stücke geschnittene Fleisch hinzu, läßt es mit einigen Zitronenscheiben aufkochen und köcheln, bis die Fleischteile noch bißfest sind. Nochmals mit Salz, Zucker und Essig abschmecken und rohe Kartoffelklöße, Klöße von gekochten Kartoffeln oder Mehlklöße dazu reichen.

Wickelhütes mit Kraut, Gemüs' und Fleisch

Dieses Menü für nur vier Personen zu bereiten, macht schon einigen Aufwand. Lassen Sie ruhig einige Gäste mehr in den Genuß dieses Potpourris aus heimischen Gemüsen, Gewürzen, Fleisch und Teig kommen. Ich hoffe, Ihnen läuft genauso das Wasser im Mund zusammen wie mir, wenn ich bei guten Freunden zu Wickelhütes eingeladen bin.

Für 6 bis 8 Personen
1,25 kg Pökelkamm
Selleriegrün
1 Zwiebel
1 Karotte
Majoran
Pfefferkörner
750 g Mehl
9 Eier
4 gekochte, durchgedrückte Kartoffeln
Salz
150 g Paniermehl
200 g Margarine
500 g Sauerkraut
100 g Schmalz
1 Zwiebel
Salz
Zucker
1 Lorbeerblatt
4–6 Wacholderbeeren
Majoran

1,5 kg Porree
5 EL Paniermehl
Salz
Pfeffer
Schnittlauch

Den gewaschenen Pökelkamm mit Selleriegrün, Zwiebel, Karotte, etwas Majoran und einigen Pfefferkörnern gar kochen und warm halten. Für die Wickelhütes das Mehl, die Eier (etwas Eigelb trennen und beiseite stellen), Kartoffeln und eine Prise Salz zu einem glatten Teig verarbeiten, etwa 15 Minuten ruhen lassen und dünn ausrollen. Das Paniermehl in 100 g Margarine bräunen, den Rest der Margarine auf den Teig streichen und darauf das Paniermehl verteilen. Den Teig länglich formen, zusammenrollen, in Portionsstücke von etwa 15 cm schneiden und die Enden fest zusammendrücken. Die Kanten mit Eigelb bestreichen. Das Sauerkraut in einen Fond aus Schmalz und gedünsteten, geschnittenen Zwiebeln setzen, Pökelkammbrühe aufgießen und würzen. Wenn das Kraut kocht, die Wickelhütes obenauf legen. Das Ganze zugedeckt etwa 40 Minuten garen lassen. Inzwischen den Porree putzen, waschen und in 2 cm lange Stükke schneiden, kurz in kochendes Wasser geben, danach mit kaltem Wasser abschrecken. Die Porreestücke in Pökelkammbrühe gar kochen, Paniermehl, Salz und Pfeffer hinzugeben, nochmals aufkochen, mit Schnittlauch bestreuen.

Gänsekeulen in Rotwein geschmort

„Zu Sankt Martin“, so schreibt Johann Agricola, ein Zeitgenosse Luthers, „da brät man feiste Gänse und freut sich alle Welt.“ An manch anderen Tagen ist das in Thüringen ebenso, zu Weihnachten allemal.

4 Gänsekeulen
Salz
Pfeffer
Beifuß
100 g Schmalz
1 großer Apfel
2 mittelgroße Zwiebeln
½ Liter Rotwein
50 g Maisstärke
Butter

Gänsekeulen mit Salz, Pfeffer und Beifuß einreiben, von beiden Seiten gut anbraten und aus der Pfanne nehmen. Apfel (mit Schale und Kerngehäuse) und Zwiebeln in etwa 1 cm große Würfel schneiden und im Bratfett der Keulen anrösten. Mehrmals mit Wasser kurz ablöschen, damit die Sauce eine schöne braune Farbe erhält. Keulen wieder hinzugeben, Rotwein angießen und zugedeckt weich schmoren. Die Sauce leicht mit Maisstärke binden, etwas nachwürzen, passieren und je nach Geschmack mit einem nußgroßen Stück Butter verfeinern.

» Die Gans, die für die Germanen ein Symbol ehelicher Treue war, stand jahrhundertelang auf der Liste der Fastenspeisen. Zum Glück, denn das hat ihr offensichtlich den Weg in unsere weihnachtliche Küche gewiesen. Mit dem Martinsfest alljährlich am Vorabend des 11. November verbindet sich die Martinsgans. Schon 1332 sollen die Domherren zu Nordhausen ihre Martinsgans gegessen haben. Zum Gänsebraten gibt es in Thüringen fast immer Thüringer Klöße – nein, natürlich zu den Klößen den Gänsebraten. «

Gekochte Gans mit Meerrettich

Gesellig, neugierig, wachsam, wehrhaft und – wenn es sein muß – lautstark. Was haben Gänse nur „verbrochen", daß sie so beliebte Braten sind?

1 Gans, küchenfertig ausgenommen
3 Zwiebeln
Suppengrün
4 g Pfefferkörner
4 g Ingwer
2 g Nelken
5 Lorbeerblätter
50 g Salz

Für die Sauce:
150 g geriebener Meerrettich
125 g Mandeln
65 g Zucker
1 Liter süße Sahne

Man wickelt eine nicht zu fette Gans in eine alte reine Serviette, legt sie damit in einen Bräter, der so tief ist, daß das Wasser die Gans bedeckt, gibt dazu die Zwiebeln, das Suppengrün, den Pfeffer, den Ingwer, die Nelken, die Lorbeerblätter und das Salz. Die Gans muß in dieser Brühe völlig weich kochen und auskühlen. Danach die Gans herausnehmen, ringsum abtrocknen und in einer weißen Serviette zu Tisch bringen.
Hierzu paßt eine Meerrettichsauce: Meerrettich, gemahlene Mandeln und Zucker werden unter 1 Liter vorher gekochte, abgekühlte süße Sahne gerührt.

» Vor allem Gans und Ente stehen bei den Thüringern hoch in der Gunst, nicht nur zum Weihnachtsfest. Auf den Tafeln der thüringischen Könige, Herzöge und Grafen fehlten sie ebenso selten wie zu den Essen, zu denen Goethe einlud. Und zu Weihnachten 1990 reichten in den Läden die Vorräte nicht.
Daß ein wohlschmeckendes Gänsefleischgericht nicht immer gebraten sein muß, das beweist dieses Rezept. «

1411
DORFER
Pils

Rehbraten in Rahmsauce

Der Preis für Wildfleisch ist im Vergleich zu anderem Fleisch immer noch so hoch wie früher. Daher ist Rehbraten und erst recht Rehrücken ein seltenes Festessen geblieben.

1,5 kg Rehkeule oder -rücken
100 g fetter Speck
Salz
Pfeffer
2 EL Öl
80 g Margarine
8–10 Wacholderbeeren
½ Liter Fleischbrühe
1 Glas Rotwein
2 EL Mehl
1 EL Johannisbeer- oder Kirschkonfitüre
Zitronensaft
250 g saure Sahne

Das Fleisch häuten, abspülen und trockentupfen. Kaltgelegten Speck in 3–4 cm lange, dünne Keile schneiden und damit das Fleisch gegen die Faserrichtung spicken, mit Salz und Pfeffer einreiben. Das Öl in einer Pfanne stark erhitzen, die Margarine dazugeben. Das Fleisch von allen Seiten unter häufigem Übergießen anbraten. Die Wacholderbeeren zerdrücken und zum Bratfett geben, die heiße Fleischbrühe und den Rotwein aufgießen. Die Pfanne zudecken und den Braten im vorgeheizten Backofen garen (Rehkeule 90 Minuten, Rehrücken etwa 45 Minuten). Das Fleisch herausnehmen und warm stellen. Den Bratensaft mit etwas Wasser loskochen, mit angerührtem Mehl binden, die Konfitüre zugeben und aufkochen, mit Salz, Pfeffer und Zitronensaft abschmecken. Die saure Sahne unterrühren, nochmals kurz aufkochen und die Sauce durch ein Sieb passieren. Den Rehbraten in Scheiben schneiden, mit der Rahmsauce begießen, dazu Apfelrotkohl und Thüringer Klöße servieren.

»Einem guten Wildbestand im Thüringer Wald galt zu allen Zeiten die Fürsorge der Landesherren. Schließlich wollten sie ja ihre Jagdlust befriedigen. Die Jägerei hat auch den Speisezettel in Thüringen um so manchen saftigen und zarten Braten bereichert. Aber in wessen Pfannen er kam, darüber entschieden Jagdherren und Geldbeutel.«

Klösse, Gemüse, pikante Kuchen

Aschkloss

Im Kartoffelanbau ist der Mensch inzwischen fast entbehrlich. Wer auf dem Land aufwuchs, denkt aber meist mit gemischten Gefühlen an die Vorarbeiten bis zur Erntezeit. Doch wenn es dann ums Essen des Erdapfels in allen denkbaren Zubereitungen geht, leuchten alle Augen.

500 g rohe Kartoffeln
300 g gekochte Kartoffeln
20 g Mehl
20 g Kartoffelmehl
150–200 g magerer gewürfelter Speck
Salz
etwas Pfeffer
2 Brötchen
⅛ Liter Milch
2 Eier

Wie für die „echten" Thüringer Klöße die rohen Kartoffeln reiben und in einem Säckchen auspressen. Die gekochten Kartoffeln abgießen und durch die Presse drücken. Beide Kartoffelmassen mit dem Mehl, den Speckwürfeln und etwas Salz und Pfeffer gut durcharbeiten. Den Kloßteig in eine gefettete Backform einfüllen, die Brötchenscheiben darüber verteilen und abschließend Milch und Eier mit etwas Salz glattschlagen und über die Brötchenscheiben gießen. Die Backform im Backofen bei mittlerer Hitze etwa 1 Stunde ausbacken. Stückchen von Brötchengröße aus dem Aschkloß schneiden und zum Braten servieren.

» Er ist ein sehr schmackhafter Vertreter aus der riesigen Familie der Thüringer Klöße. Gebacken, was einem Kloß relativ selten widerfährt, ist auch er ein Phantasieprodukt thüringischer Hausfrauen. Wenn er nicht so oft auf den Tisch gebracht wird wie die ‚richtigen', die ‚rohen' Thüringer Klöße, dann nur deshalb, weil die halt die Kloß-Könige sind und bleiben. «

Gebackener Blumenkohl

Von den vielen Zubereitungsvarianten für Blumenkohl ist diese eine der gebräuchlichsten. Da kann man getrost auf Fleisch verzichten.

1 mittelgroßer Blumenkohl
Salz
weißer Pfeffer
3 EL Weizenmehl
2 Eier
200 g Brötchenkrumen
¾–1 Liter Speiseöl
50 g Butter

Den geputzten Blumenkohl in Röschen zerteilen und etwa 1 Stunde in kaltes Salzwasser einlegen. Danach in kochendes Wasser geben und gar ziehen lassen. Dabei sollen die Blumenkohlröschen nicht zu weich werden. Mit kaltem Wasser abschrecken und gut abtropfen lassen. Der so vorbereitete Blumenkohl wird nun mit Salz und weißem Pfeffer gewürzt, anschließend mit Mehl, verrührtem Ei und Brötchenkrumen paniert und in heißem Speiseöl goldgelb ausgebacken. (Das Öl kann weiter verwendet werden.) Die gebackenen Blumenkohlröschen vor dem Servieren mit der zerlassenen Butter begießen.

» Der Gartenbaumeister Christian Reichart (1685–1775) legte im Süden Erfurts den Grundstein für den Anbau von Blumenkohl und Brunnenkresse. Im Dreibrunnengelände wurden im 18. Jahrhundert zunächst Gemüsebau und Versand von Gemüsesamen als Gewerbe betrieben. Später gingen viele zum Export von Blumensamen über, Erfurter Astern wurden so berühmt wie heute Tulpen aus Holland. «

Gefüllte Gurken in Folie

Außer Fleisch lieben Thüringer auch ihr Gemüse. Besonders das Thüringer Becken und das Unstruttal sind fruchtbares Gartenland. Erfurt gilt als dessen „Filetstück“.

2 mittelgroße Salatgurken
250 g Gehacktes vom Rind oder Schwein oder gemischt
Salz
Pfeffer
Paprika
1 kleine Zwiebel
2–3 TL Speiseöl
1 Bund Dill oder Petersilie
50 g Butter

Die gewaschenen und geschälten Gurken längs halbieren, mit einem Kaffeelöffel vom Kerngehäuse befreien und in etwa 8 cm lange Stücke schneiden. Den Hackepeter nach Bedarf nachwürzen, mit den Zwiebelwürfeln vermengen, die Gurkenhälften damit füllen und jeweils 2 Stücke mit den Schnittflächen zusammensetzen. Alufolie mit Öl bestreichen, Gurkenwalzen aufsetzen, mit den feingehackten Kräutern bestreuen, mit Butterflocken bedecken und fest einrollen. Besonders wichtig ist, daß die Enden der Folie dicht verschlossen sind, damit beim Garen auf dem Rost oder im Backofen der Fleischsaft nicht ausläuft. Die Garzeit beträgt etwa 15 Minuten.

» Das Gehackte ist in den thüringischen Fleischerläden immer ein Renner, auch wenn das Angebot an Fleisch- und Wurstdelikatessen noch so groß ist. Gehackte Fleischware wurde in Erfurt schon im 12. Jahrhundert auf dem Markt in Schüsseln und Näpfen verkauft. Bei unserem Gericht sind Fleisch und Gemüse auf eine Weise vereint und zubereitet, die an gefüllte Paprikaschoten erinnert. «

Himmel un Aarn

Glücklich kann sich schätzen, wer als Quelle für sein Obst eine Streuobstwiese hat. Doppelt glücklich dann, wenn im Frühjahr der späte Frost nicht zur falschen Zeit, bei voller Baumblüte, kam.

500 g Kartoffeln
1/8 Liter Wasser
Salz
500 g Äpfel
50 g Speck
etwas süße Sahne

Die geschälten und in Stücke geschnittenen Kartoffeln in dem gesalzenen Wasser halb weich kochen. Dann gibt man die geschälten und ebenfalls in Stücke geschnittenen Äpfel dazu und läßt alles zusammen gar werden. Danach alles zerdrücken und mit dem zuvor ausgelassenen Speck verrühren. Ein Schuß Sahne rundet das Ganze ab.

» Eines der zahlreichen einfachen Gerichte aus der alten thüringischen Küche. Es kam auf den Tisch, was Himmel und Erde halt hergaben – Hauptsache, es machte satt. Die Hausfrauen in Thüringen sind – sofern sie gut zu kochen verstehen, und da gibt es nur wenige Ausnahmen – in der Küche ausgesprochene Verwertungskünstlerinnen. Nur wenige Zutaten immer neu zu variieren, das hat ihre Phantasie angeregt und die thüringische Küche positiv geprägt. «

Gefüllte Kartoffeln mit Schmant

Nicht auszudenken, wenn die Thüringer Küche allein dem Rat eines Prof. Dr. Völker gefolgt wäre. Der empfahl nämlich vor über hundertfünfzig Jahren in der Wochenschrift „Allgemeine Thüringer Vaterlandskunde", „Kartoffeln in trockener Form zu Mehl zu verarbeiten, um zur Bereitung des Brots das Getreidemehl zu ersetzen".

8 große Kartoffeln
4 gewässerte und geputzte Salzheringe
1 mittelgroße Zwiebel
Pfeffer
Zucker
Essig
Salz
40 g Butter
250 g Thüringer Schmant (saure Sahne)

Die gleichmäßig geschälten Kartoffeln in Salzwasser fast gar kochen, abgießen und leicht abkühlen lassen. Danach längs halbieren und mit einem Kaffeelöffel die Kartoffelhälften vorsichtig aushöhlen.
Die geputzten Salzheringe in nicht zu kleine Würfel schneiden, mit dünnen Zwiebelscheiben locker mischen, mit Pfeffer, etwas Zucker und Essig pikant würzen und kalt stellen.
Jetzt die ausgehöhlten Kartoffeln mit der Öffnung nach oben (eventuell etwas gerade schneiden) in eine feuerfeste Form oder auf ein Backblech setzen, mit Salz und Pfeffer würzen und mit Butterflocken darüber im Backofen oder im Grill bei Oberhitze erwärmen und leicht bräunen lassen.

Den vorbereiteten Hering in die Kartoffeln füllen und mit dem verrührten Schmant überziehen. Zum Schluß reichlich feingehackte Kräuter darüberstreuen.

»Königin Kartoffel ist hier Hauptzutat und zugleich ‚Gewand' für eine gehaltvolle und würzige Füllung. Angesichts der Zutaten, vor allem des in der thüringischen Küche vielfach verwendeten Rahms oder Schmants, verspricht das einen leckeren Schmaus.«

Mahl-Zamette

So einsam sind die Thüringer mit ihrer Vorliebe für kräftige, würzige Speisen zum Kaffee nicht. Man denke nur an ein ausgiebiges englisches oder nordamerikanisches Frühstück mit ham and egg, *Rührei mit Schinken, und was sonst noch zur Stärkung für einen ganzen Tag taugt.*

200 g Original Thüringer Knackwurst
200 g Zwiebeln
600 g Kartoffeln
2 Eigelb
50 g Mehl
Salz
Muskat
400 g rohes Sauerkraut
4 Tassen schwarzer Bohnenkaffee

»Dieses Rezept mag Ihnen sonderbar, ja fast exotisch vorkommen. Es ist aber echte thüringische Küche und in ihr schon sehr lange heimisch. Scheuen Sie sich nicht, es einmal auszuprobieren. Die Zusammenstellung herzhaft kräftiger Zutaten erscheint sicher ungewöhnlich, aber das ist gerade typisch für die Küche Thüringens.«

Die Knackwurst in Scheiben schneiden und mit den in Würfel geschnittenen Zwiebeln anbraten. Die Kartoffeln kochen und, nachdem das Wasser abgegossen ist, zerstampfen, Eigelb, Mehl und Gewürze untermengen und aus der Masse kleine Kugeln von etwa 50 g formen. Die Kartoffelklößchen mit der Knackwurst-Zwiebel-Mischung bräunen.
Als geschmackliche Gegenpole das rohe Sauerkraut und eine Tasse schwarzen Bohnenkaffee reichen.

Stärkknölle

Dieses Rezept stammt aus dem Thüringer Wald. Das Verschen verrät seine Herkunft:
„Lauschaer Knölle müssn's sei,
net ner su a Zutlbrei,
net sa hart und net sa wäch,
ahm de richtich Knöllestäch."

1 kg Kartoffeln
200 g Stärkemehl
Salz
80 g Butter
2 Brötchen

Kartoffeln schälen und kleinschneiden, in Wasser weich kochen, pürieren und heiß, aber nicht kochend in eine Schüssel gießen, in die reichlich die Hälfte des Stärkemehls und Salz gestreut werden. Tüchtig rühren und den Rest Stärke zugeben. Den Kloßteig formen, in die Mitte in Butter geröstete Semmelstückchen geben und in heißem Wasser 20–25 Minuten gar ziehen lassen.

» Es ist ganz gewiß nicht übertrieben, von Hunderten thüringischer Kloßrezepte zu sprechen, vielleicht sind es gar mehr als tausend. Ginge man im Thüringer Wald von Ort zu Ort, so könnte man sie alle einsammeln, vorausgesetzt, ihr Geheimnis würde von den Hausfrauen preisgegeben. «

Grüner Schaffkuchen

Sicher passen frisch geerntete Heidelbeeren von der Saison her am besten zu diesem Kartoffelgericht. Aber dank moderner Haushaltstechnik dürfen genauso gut aufgetaute Kirschen, Johannisbeeren, Erdbeeren oder Himbeeren die Beilage bilden.

1,5 kg Kartoffeln
Milch
Salz
3 EL Mehl
2 Eier
Speck

Die Kartoffeln schälen, reiben und auspressen, mit kochender Milch brühen, salzen und mit dem Mehl und den Eiern gut verrühren. Speck in einer Bratpfanne anbraten, die Masse hineindrücken. Dieser „Kuchen" wird bei kleiner Flamme nur auf einer Seite gebacken, bis er fest ist. Damit er durchgart und nicht anbrennt, die Pfanne zudecken und gelegentlich leicht rütteln. Zum Essen wird er in Vierecke geschnitten, und als Kompott werden Heidelbeeren dazu gegeben.

» Nachdem die Kartoffel vor rund 250 Jahren ihre Startschwierigkeiten in Thüringen überwunden hatte, sammelte sie zunehmend Sympathien, je mehr ‚tischfähige' Kartoffelgerichte die Köchinnen und Köche erdachten. In den kargen Waldregionen wurde sie zur Hauptnahrung. Sie streckte das Mehl, man buk Kartoffelbrot, es gab Kartoffelbutter und sogar Kaffee aus gerösteten Kartoffelwürfeln. Auch ‚Kuchen' buken die Leute von Kartoffeln wie diesen grünen Schaffkuchen, der seinen Namen hat, weil er nicht nur von grüner Farbe ist, sondern dazu noch im *Schaffen,* einem Tiegel, gebacken wird. «

Serviettenkloss

Als ich vor Jahren in der Meininger Gegend bei einer Hochzeit eingeladen war, saß ich lange vor reich belegten Platten. Mir war immer wieder danach, ordentlich zuzulangen, schon beim Fleisch, aber mehr noch beim Serviettenkloß.

400 g Weißbrot
½ Liter Milch
4 Eier
1 Prise Muskat
Salz

Über das kleinwürfelig geschnittene Weißbrot wird die mit den übrigen Zutaten verquirlte Milch gegossen. Die gut durchgeweichte Masse in eine gebrühte Serviette binden, welche so zusammengeknotet wird, daß dem Kloß zum Aufgehen Platz bleibt. Über einen Löffelstiel in kochendes Salzwasser hängen und etwa 45 Minuten sieden lassen.
Süßer oder saurer Rahm, eine Weinsauce wie auch Rosinen vollenden den Wohlgeschmack.

»Wer zu einem saftigen Rinder- oder Schweinebraten oder zu Rouladen schon einmal den Serviettenkloß probiert hat, der wird gestehen: Es müssen nicht immer die ‚echten Thüringer‘ sein.
Der Serviettenkloß ist ein sehr angenehmer Vertreter der großen Thüringer Kloßfamilie und gehört noch heute zum traditionellen Hochzeitsschmaus um Meiningen.«

Thüringer Klösse

Es heißt zwar:
„Fünf Klüaß und 'ne Gans
fünf Kilo an Gewicht
ist des Thüringers Leib-
gericht",
doch da hat wohl einer maß-
los übertreiben wollen.

2 kg Kartoffeln
Milch
Salz
3 Brötchen
etwas Butter

Von den Kartoffeln 1½ kg schälen, waschen und auf einem Reibeisen in kaltes Wasser reiben. Dann das Wasser von oben vorsichtig abgießen und so oft erneuern, bis es ganz klar ist. Die Kartoffelreste, die beim Reiben übrigbleiben, mit den restlichen gewaschenen, geschälten und in Würfel geschnittenen Kartoffeln kochen. Ganz fein zerstampfen und mit etwas Milch einen dicken Brei davon kochen. Nun die rohen Kartoffeln durch ein Leinensäckchen ganz trocken auspressen und in eine Schüssel geben. Die Masse auflockern, Salz und den heißen Brei hinzugeben, alles gut miteinander verkneten und Klöße davon formen. Die Brötchen würfeln und in Butter rösten, einige jeweils in die Mitte jedes Kloßes füllen, die Klöße rund drehen und in kochendes Wasser geben. Die Klöße 15 bis 20 Minuten ziehen, aber nicht kochen lassen. Sobald sie gar sind, servieren.

» Kommt dieser ‚echte' Thüringer Kloß auf den Teller, dann ist er den Thüringern die Hauptsache, nicht der Braten. Ein Sonntag ohne Klöße ist kein Sonntag, so sagt man in Thüringen. Erfunden haben soll die Thüringer Klöße der Sage nach Frau Holle, um die Leute, so eine ironische Sagendeutung, für den sauren Saalewein zu entschädigen. Charlotte von Lengefeld lud einmal Friedrich Schiller ein, natürlich im Auftrag der Mutter, bei ihnen Klöße zu essen. Und Schiller fand sie ganz vorzüglich. «

Zwiebelkuchen

1653 erstmalig erwähnt, geht es beim Weimarer Zwiebelmarkt natürlich auch heute noch in erster Linie um Zwiebeln. Doch zugleich ist er ein Gemüse-, Blumen-, Töpfer-, Korbwaren-, „Freß- und Saufmarkt", kurzum ein Jahrmarkt, der als Stadtfest die Leute in Scharen anlockt.

300 g Mehl
100 g Margarine
1⅜ Liter Milch
25 g Hefe
Salz
80 g Grieß
1 kg Zwiebeln
100 ml Öl
1 Ei
10 g Kümmel

Mehl, Margarine, ¼ Liter Milch, Hefe und 1 Prise Salz werden zu einem Teig verarbeitet. Er muß 1 Stunde gehen. Aus Grieß, 1 Liter Milch und 5 g Salz einen Brei kochen und abkühlen lassen. Die Zwiebeln schälen, raspeln und in dem Öl mit einer Prise Salz glasig dünsten. Den Teig ausrollen, nochmals kurz gehen lassen, den Brei aufstreichen und die Zwiebeln darauf verteilen. Das Ei mit ⅛ Liter Milch verquirlen und über die Zwiebeln gießen, Kümmel darüberstreuen. Bei guter Hitze (200–220 °C) etwa eine ¾ Stunde backen. Am besten schmeckt der Kuchen heiß.

» Oft wird er mit dem Weimarer Zwiebelmarkt in Verbindung gebracht, natürlich wird er dort auch frisch und heiß angeboten. Aber der Zwiebelkuchen ist in Thüringen überall ein Leckerbissen, man schätzt ihn im Nordwesten, im Eichsfeld, ebenso wie im Südthüringer Zipfel. Dort kamen am Backtag Verwandte und Bekannte zum Backhaus und baten darum, einen *Zippelkuch,* meist aus Brotteig, mitbacken zu dürfen. Der wurde dann warm zum Frühstück verzehrt. «

SIMSON

Süsse Aufläufe, Nachspeisen, Kuchen, Getränke

Auflauf von Äpfeln und Brot

Nicht einmal an die Vorräte muß man heran, oft sind es wirklich „nur" Reste, was eben gerade im Obstkorb, im Brotkasten, einer angebrochenen Packung noch zu finden ist. Und dann läßt sich so etwas Leckeres daraus zaubern!

500 g Brot, halb Schwarz- oder Grau-, halb Weißbrot
125 g Zucker
etwas gestoßene Nelken und Zimt
125 g Butter
500 g säuerliche, in Scheiben geschnittene Äpfel
75 g Korinthen

»Die Verwendung der in der Regel vorrätigen Zutaten wie Brot, Obst und Gewürze haben so manche Koch- und Backidee beflügelt. Den von vielen Thüringern bevorzugten Geschmack geben den Aufläufen neben dem Zucker oft Zimt sowie Nelken und Korinthen.«

Das Brot wird zu drei Vierteln gerieben und mit der Hälfte des Zuckers und den Gewürzen vermischt. Das restliche Brot in Scheiben schneiden. Von der Brot-Gewürz-Masse wird eine Schicht in eine gefettete Form gegeben. Darauf legt man Butterflöckchen, dann Äpfel, Korinthen und Zucker, jeweils in Schichten. Den Abschluß bildet eine Brotschicht. Der Auflauf wird mit zerlassener Butter beträufelt und bei 200 °C ¾ Stunden gebacken.

Kirschpfanne

Außer kalt zur Mittagsrast am Feldrand wurde das Gericht auch frisch vom Herd zu Abend gegessen. Und sicher war die Pfanne im Nu „geputzt".

250 g Mehl
½ TL Backpulver
5 Eier
Salz
knapp ½ Liter Milch
2–3 EL Butter
750 g Kirschen
125 g Zucker
6–8 Brötchen
Zimt

» Solche ‚Pfannen' nahm die Bäuerin früher in der Hackzeit mit aufs Feld. Sie verwendete dafür verschiedene Obstsorten, meistens Birnen, Äpfel oder Kirschen. Auf den Grund der gut eingefetteten Pfanne kamen in der Regel geriebene Kartoffeln, mitunter auch ein Mehlteig wie bei dieser Kirschpfanne. «

Das Mehl mit dem Backpulver, den Eigelb, einer Prise Salz und der Milch verquirlen, die steifgeschlagenen Eiweiß vorsichtig unter den Teig rühren. Reichlich die Hälfte davon in eine gebutterte Spring-, feuerfeste Glas- oder Porzellanform füllen und etwa 8–10 Minuten bei Mittelhitze anbacken. Die entsteinten Kirschen mit 75 g Zucker vermischen, auf dem leicht gebackenen Teig verteilen, den restlichen Teig darübergießen und mit Brötchenscheiben, die vorher in Milch getaucht wurden, belegen, mit Zucker und Zimt bestreuen und etwa 20 Minuten bei mittlerer Hitze goldgelb backen.

Schleizer Bamser

Wir können weiter spekulieren: Meinten die Mägde und Knechte von Schleiz nun die Thüringer Klöße oder die sehr ähnlichen vogtländischen, wenn sie auf vertraglichen „Kloßtagen“ bestanden? Oder hofften sie insgeheim, ab und zu werde der Appetit auf Süßes mit den Bamsern befriedigt?

750 g gekochte Kartoffeln
750 g mürbe Äpfel
2 Eier
2 geschlagene Eiweiß
100 g Zucker
Salz
150–200 g Mehl
Butterschmalz
60–80 g Butter
Zucker und Zimt zum Bestreuen

» In der Gegend von Schleiz waren feste ‚Kloßtage' einst in den Mietverträgen der Knechte und Mägde enthalten. Ob damit immer die ‚echten' Thüringer Klöße gemeint waren, scheint bei dieser Grundlage und solchen Zutaten doch sehr fraglich. Wer gern kräftig, reichlich und süß ißt, der hat am Schleizer Bamser bestimmt seine Freude. «

Unter die durchgedrückten Kartoffeln die feingeschnitzelten Äpfel, Eier, Eischnee, Zucker, Salz mischen und so viel Mehl, daß man 2–3 cm dicke Nudeln formen kann. Die Nudeln in heißem Fett (Butterschmalz) in der Bratpfanne backen, mit zerlassener Butter begießen und im Backofen überbacken. Heiß servieren und beim Anrichten mit Zucker und Zimt bestreuen.

ZIMT

Frühstückskuchen

Einfacher Hefeteig ist eine gute Unterlage für nasse Kuchen. Für trockene Kuchen kann dieses Rezept durch eine größere Fettmenge (bis 150 g) und ein Ei verändert werden; dann aber weniger Milch nehmen. Bewährt für einen etwas anders gewürzten Teig haben sich auch folgende Zutaten:
500 g Mehl, 80 g Zucker, je 1 Prise Salz und abgeriebene Zitronenschale (oder statt Zitrone 2 gewiegte Bittermandeln), 100 g Butter oder Margarine, reichlich ⅛ Liter Milch, 25 g Hefe.

500 g Mehl
30 g Zucker
½ TL Salz
100 g Butter
¼ Liter Milch
25 g Hefe

etwas Milch
70–100 g Zucker

Alle Zutaten abmessen und auf Zimmertemperatur bringen. Mehl sieben, Zucker und Salz einstreuen, Fett in Flöckchen dazugeben. Milch leicht erwärmen, Hefe hineinbröckeln, lauwarm verquirlen, einige Minuten abgedeckt stehen lassen, beides nach und nach in das Mehl rühren, dabei kräftig schlagen, zuletzt mit der Hand kneten, in einer mit Mehl ausgestäubten Schüssel 1½–2 Stunden gehen lassen. Dann den Teig nochmals durcharbeiten. Zuletzt rollt man ihn auf einem gefetteten Blech aus und läßt ihn über Nacht stehen.
Am nächsten Morgen bestreicht man ihn mit Milch, bestreut ihn nicht zu reichlich mit Zucker und bäckt ihn 15 Minuten bei 200 °C. Frisch schmeckt der Kuchen am besten.

» Die ersten ‚Kuchen' in Thüringen waren bescheidene Gebäcke, der im Topf verbliebene festgebackene Bodensatz der Mehlsuppe und des Mehlbreis. Auch die ersten richtigen Kuchen waren meist einfache, in der Pfanne gebackene Striezel. Viele der ‚trockenen' Kuchen in Thüringen sind von der einfacheren Sorte, und man ißt sie allgemein zum Morgenkaffee. «

Suhler Rahmkuchen

Vor allem bei Festen auf dem Dorf hängt das Urteil der Gäste über das Fest wesentlich von Zahl und Güte der Kuchensorten ab. Oft wird ein wahrer Kuchenkult getrieben, kommen zur Kirmes oder Hochzeit bis zu hundert Kuchen in den Ofen.

Für den Teig:
500 g Mehl
50 g Zucker
1 Prise Salz
100 g Butter oder Margarine
30 g Hefe
reichlich ⅛ Liter
lauwarme Milch

Für den Belag:
1 Liter Milch
100 g Zucker
2 Päckchen Vanillepuddingpulver
800 g Sultaninen
3 Eier
3 EL Zucker
½ Liter dicke süße Sahne
(Creme double)

Einen Hefeteig bereiten (s. S. 160, Frühstückskuchen), den Teig auf ein gefettetes Blech ausrollen und nochmals gehen lassen.
Aus Milch, Zucker und Puddingpulver einen Pudding kochen und diesen auf den Teig streichen. Mit gewaschenen Sultaninen belegen. Eier und Zucker verquirlen, unter die dicke süße Sahne geben und die Sultaninen damit bedecken.
Bei 200 °C etwa 45 Minuten backen.

»Von sich reden gemacht hat die thüringische Regionalküche zu einem guten Teil durch die Kuchenbäckerei. Der Kochbuchautor Johann Philipp Christian Reuß warnte schon 1788 vor allzu üppigem Kuchenverzehr, doch der Mann warnte wohl vergeblich. Die vielen thüringischen Kuchenrezepte haben es auch heute noch in sich, wie das des Suhler Rahmkuchens.«

Rahmstreuselkuchen

Wer Zugang zu einem Backhaus hat, nutze diese Gunst und backe gleich für Gäste mit. Die werden sicher mit Ihnen übereinstimmen: Dieser Kuchen ist weiß Gott kein bißchen trocken.

Für den Teig:
500 g Mehl
100 g Zucker
1 gestrichener TL Salz
1 Päckchen Vanillezucker
etwas abgeriebene Zitronenschale
150 g Butter oder Margarine
50 g Hefe
1/8 Liter lauwarme Milch

Für die Streusel:
250 g Butter
200 g Zucker
350 g Mehl
1 Päckchen Vanillezucker
1 Prise Salz
1 Prise Backpulver
250 g saure Sahne
Puderzucker

Einen Hefeteig zubereiten (s. S. 160, Frühstückskuchen) und gut gehen lassen, auf einem gefetteten Blech ausrollen und mit einer Gabel mehrmals anstechen. Dann mit etwas Milch bestreichen und die zuvor gerührten Streusel gleichmäßig darauf verteilen. Kuchen nochmals gut gehen lassen und bei 200 °C etwa 20 Minuten backen.
Nun den Kuchen herausnehmen und sofort die saure Sahne darübergeben. Den Kuchen nochmals 5 Minuten backen und nach dem Erkalten mit Puderzucker bestreuen.

» Wer ihn je frisch gegessen hat – und natürlich schmeckt er um so besser, je frischer er ist –, der findet gewiß: Der Rahmstreuselkuchen ist ein Gedicht. Und er wird es kaum glauben, daß er in Thüringen zur Kategorie der ‚trockenen' Kuchen gehören soll. «

ZUCKER

Rupfkuchen

Die kleinen Häufchen, von denen der Rupfkuchen seinen Namen hat, müssen nicht gleich groß sein. Rupfen oder zupfen Sie von der Masse, was Daumen, Zeige- und Mittelfinger gerade jeweils erwischen, und verteilen Sie es auf dem Obstbelag. Das unregelmäßige Ergebnis erhöht den Reiz für Auge und Gaumen deutlich.

500–600 g Hefeteig (s. S. 160)
½ Liter Milch
1 Päckchen Vanillepudding
125 g Rosinen
100 g geschälte,
gehackte Mandeln
2 Gläser herbes Obst
250 g Kokosraspeln
250 g Zucker
100 g Mehl
1 Ei
125 g Butter
500 g saure Sahne
Zucker oder Schokoladenguß

Zunächst einen Hefeteig nach bewährter Rezeptur (s. S. 160, Frühstückskuchen) bereiten und auf einem gefetteten Backblech ausrollen.
Aus Milch und Pulver einen Pudding kochen und abkühlen lassen. Rosinen und Mandeln untermischen und die Puddingmasse auf dem Teig verteilen. Mit Stachelbeeren, Johannisbeeren oder Sauerkirschen belegen.
Aus den Kokosraspeln, dem Zucker, Mehl, Ei, der Butter und der sauren Sahne eine Masse herstellen, von der kleine Häufchen „gezupft" und auf dem Obst verteilt werden. Bei mittlerer Hitze goldgelb backen und nach dem Erkalten mit Zucker bestreuen oder Schokoladenguß darüberlaufen lassen.

» Obwohl bei seiner Herstellung gezupft wird, heißt er Rupfkuchen. Jedenfalls ist er ein typischer und sehr schmackhafter Vertreter der thüringischen Kuchenbäckerei für Festtage, üppig in den Zutaten. Wie in der Küche generell, wird in Thüringen beim Kuchenbacken vielfach saure Sahne oder auch Rahm und Schmant verwendet. Es gibt eine Vielzahl von Rezepten für ‚nasse' Kuchen, für die die verschiedensten Obstsorten Zutaten sind, meist als Belag. «

Schittchen

Früher waren Backmulden wohl in jeder Bauernküche zu finden. Für kleinere Familien reichte die übliche Muldengröße aus, um den Schittchenteig zu Hause zu bereiten. Großfamilien mußten damit sicher gleich zum Bäcker oder ins Backhaus, wo die Schittchen auch alle gebacken wurden.

1,5 kg Mehl
3/8 – 1/2 Liter Milch
60 g Hefe
300 g Zucker
750 g Fett (Butter, Margarine, Schmalz)
500 – 750 g mit etwas Rum beträufelte Rosinen
250 g Mandeln
1 abgeriebene Zitronenschale
1 TL Salz
50 g Butter
Puder- oder Staubzucker

In das gesiebte Mehl eine Vertiefung drücken und die mit 1/4 Liter Milch und 1 Eßlöffel Zucker verrührte Hefe zu einem Hefestück verarbeiten, mit einem Tuch abdecken und gut gehen lassen. (Mehl, Zucker und Fett dürfen nicht kalt sein.) Dann nach und nach alle Zutaten tüchtig hineinkneten, wieder gut gehen lassen, nochmals durchkneten, zu Schittchen formen und nochmals etwas gehen lassen. Danach im vorgeheizten Backofen bei 180 – 200 °C etwa 1 Stunde backen, mit zerlassener Butter bestreichen und mit Staubzucker bestreuen.

» Kleines Scheit, thüringisch *Schittchen,* heißen in Mittelthüringen die Weihnachtsstollen, die zuerst 1329 in Naumburg erwähnt wurden. Dort hatte der Bischof der Bäckerinnung für das erteilte Privileg die Lieferung ‚von 2 langen Weißbroten, Stollen genannt‘, auferlegt. In der Vorweihnachtszeit, wenn die Schittchen gebacken wurden, gab es die verschiedensten Bräuche. Die Kinder mußten ‚im Backs das Backen bestellen, einen Trog holen‘, Backhefe und Zutaten mitbringen. Der Teig mußte selbst geknetet werden und richtig ‚los‘ sein, in die Höhe gehen. War ein Ofen voll Stollenteig zusammen, wurde ihm also ein ‚Schoß‘ oder ‚Schuß‘ gegeben. «

Schneewittchenkuchen

Anderswo heißt diese Art Kuchen „Donauwellen", verständlich, wenn man die Formen der Teige an ihrer Grenze sieht.

300 g Butter oder Margarine
300 g Zucker
5 Eier
300 g Mehl
1 Päckchen Backpulver
50 g Kakao
2 Gläser Sauerkirschen

Für die Creme:
½ Liter Milch
1 Packung Vanillepuddingpulver
50 g Zucker
150–250 g Butter
Schokoraspeln nach Belieben

Butter oder Margarine schaumig rühren, nach und nach Zucker und Eier dazugeben. Das gesiebte Mehl mit dem Backpulver hinzufügen und gut verrühren. Die Hälfte des Teigs mit Kakao mischen. Auf ein gefettetes Blech mit hohem Rand zuerst den Kakaoteig, dann den restlichen Rührteig streichen. Die Kirschen entsteinen, gut abtropfen lassen und den Teig damit belegen. Bei 180 °C etwa 40–45 Minuten backen.
Den Pudding nach Packungsangabe mit der Milch und dem Zucker kalt verrühren, um eine Hautbildung zu vermeiden. Butter cremig rühren und bei gleicher Temperatur mit dem Pudding vermischen. Nach dem Erkalten den Kuchen mit der leichten Buttercreme bestreichen und mit Schokoladeraspeln garnieren.

» Die Thüringer haben sich ihren geschulten Geschmackssinn für alle möglichen Kuchengenüsse ebenso bewahrt wie ihren romantischen Sinn für die reiche heimatliche Märchen- und Sagenwelt. In ihr spielt wie Frau Holle, Frau Venus und der Ritter Tannhäuser natürlich auch das Schneewittchen eine große Rolle. So könnte auch dieses Kuchenrezept seinen Namen abbekommen haben. Wenn Sie es ausprobieren, dann finden Sie sicher auch – dieses Schneewittchen hat man ganz einfach ‚zum Fressen' gern. «

KAKAO

Zwetschenkuchen mit Leinöl

Vor allem in Südthüringen gehörte früher das Dörrhaus ebenso zum Gehöft wie die Scheune. Dort wurden Zwetschen zu Hutzeln gedörrt, den Backpflaumen vergleichbar.
Leinöl wird aus Leinsamen kalt gepreßt, weist einen hohen Fettgehalt von 30–45 % auf und ist reich an mehrfach ungesättigten Fettsäuren. Es entfaltet einen für Ungewohnte etwas strengen Geschmack und Geruch. Das goldgelbe Öl besitzt in Deutschland am meisten Bedeutung im Osten sowie als hochwertiges Speiseöl in der Reformkost.

500 g Weizenmehl
200 g Butter oder Margarine
200 g Zucker
2 Eier
⅛ Liter Milch
1 Prise Salz
5 g Hefe
1 kg Zwetschen
50–100 ml Leinöl

Aus Mehl, Butter oder Margarine, Zucker, Eiern, Milch, Salz und der Hefe einen Hefeteig bereiten, gut durchkneten und etwa 1 cm dick auf dem gut gefetteten Kuchenblech ausrollen. Anschließend die entsteinten und etwas abgetropften Zwetschen auflegen und mit Leinöl beträufeln. Den Kuchen dann bei mittlerer Hitze etwa 35–40 Minuten backen, am Schluß mit Zucker bestreuen.

» Dieses Rezept darf in keinem thüringischen Kochbuch fehlen, denn der Zwetschenkuchen selber wurde und wird zu Festen, ob Hochzeit oder Kirmes, fast erwartet. In Jahreszeiten, in denen es keine frisch geernteten Zwetschen gibt, buken die Leute in der Meininger Gegend den *Hutzelkuch*. Zum Kuchenbacken wurden die Backpflaumen gekocht, entsteint und durch den Fleischwolf gedreht. Zusammen mit Zucker und Zimt kamen sie auf den ausgerollten Hefeteig, obenauf etwas saure Sahne. Den Zwetschenkuchen und den Hutzelkuch läßt niemand stehen. «

Leinöl

Bergbrotsuppe

„Singvögel im Bauer, Kartoffeln im Keller, ein Lied in der Kehle und Kleingeld in der Tasche – wohin mit der Freud'?" So charakterisierte ein Heimatfreund vor rund hundert Jahren die thüringische Wesensart. Vielleicht hat er dabei im Hinterkopf gehabt, daß die Leute solche „Gaumenspäße" wie die Bergbrotsuppe gut kennen?

1½ Liter Bier
1½ Liter Wein
2 Zitronenschalen
60 g Zucker
4 g Zimt
125 g Mandeln
125 g Brot
125 g Butter
3 Eigelb

Bier, Wein, Zitronenschale, Zucker und Zimt zum Sieden bringen. Inzwischen die gemahlenen Mandeln mit dem geriebenen Brot vermischen. In der zerlassenen Butter diese Masse gelbbraun rösten und sie danach fest in einen Trichter drücken und in eine Schüssel stürzen. Dann die Eigelb in die heiße Flüssigkeit quirlen und alles über den Berg gießen, der zum Schluß mit Zukker und Zimt bestreut wird.

» Ein viel zu schlichter und vor allem ein irreführender Name für dieses wahre Gaumenvergnügen. Das lassen schon die Zutaten ahnen. Aber ist die Bergbrotsuppe zubereitet und wird dann aufgetragen, dann hat das mit einer Suppe so wenig zu tun wie mit einer gewöhnlichen Mahlzeit. Auf jeden Fall wäre es eine willkommene Überraschung für Ihre Gäste. Vielleicht probieren Sie sie aber erst einmal aus, wenn Sie unter sich sind. Viel Spaß dabei! «

Honignudeln mit Mohn und Äpfeln

In der Tat ein rechtes Schlemmermahl! Die angegebenen Maraschinokirschen können auch durch andere Früchte ersetzt werden. Achten Sie jedoch auf ein harmonisches Farbspiel.

400 g fertiggekochte Hausmachernudeln
1 EL Bienenhonig
30 g gemahlener Mohn
10 Kirschen in Maraschino
50 g Sultaninen
2 mittelgroße Äpfel
Saft von ½ Zitrone
80–100 g geschlagene Sahne

» Dieses raffinierte Rezept bringt Honig, Mohn, Nudeln, Äpfel und weitere Zutaten so zueinander, daß schon das Auge mitißt. Was dabei herauskommt, ist mit viel Phantasie ersonnen, aber man kann sich den Genuß leicht vorstellen. «

Die streichholzgroßen Hausmachernudeln werden durch den mit etwas Wasser verdünnten Bienenhonig gehoben, mit dem gemahlenen Mohn, den halbierten Kirschen und den Sultaninen locker vermischt, in einer Glasschüssel angerichtet und mit den grob geraspelten Äpfeln, die leicht mit Zitronensaft aromatisiert werden, bedeckt. Als Abschluß einige Tupfer geschlagene Sahne und eine aufgesetzte Kirsche vervollständigen diese ungewöhnliche Süßspeise.

NUDELN

Sommerliche Tomatenkaltschale

Einige Spritzer Kirschlikör und ein Tupfer süßes, steifgeschlagenes Eiweiß werten dieses sicher nicht alltägliche Dessert optisch und geschmacklich noch auf.

100 g Reis
2 kg gut ausgereifte Tomaten
80–120 g Zucker
Zimt
10 Nelken
1 Zitronenschale
1 Flasche Weißwein oder Apfelwein
40 g Kartoffelstärke
½ Flasche Schaumwein

» Wie bei vielen ungewöhnlichen Gerichten fragt man sich auch bei dieser Tomatenkaltschale: Kann man dem Rezept trauen? Und wenn es mißlingt? Haben Sie Vertrauen, es gelingt Ihnen! Neues hat immer seinen Reiz in der Küche, die stets auch eine Probierstube sein sollte. «

Den Reis körnig kochen und kalt stellen. Die Tomaten gut waschen. Blütenansatz entfernen und mit Wasser bedeckt unter Zugabe von, je nach Geschmack, etwas bis reichlich Zucker, etwas Zimt, den Nelken und der Zitronenschale zerkochen lassen. Danach durch ein feines Sieb streichen und mit dem Weiß- oder Apfelwein auffüllen. Das Ganze kurz aufkochen, mit der Kartoffelstärke leicht sämig binden und dann recht kalt stellen. Vor dem Anrichten noch einmal abschmekken, mit dem Schaumwein versetzen und in gekühlten Gläsern mit dem Reis als Einlage servieren.

Weinäpfel mit Maraschinokirschen

Jean-Anthelme Brillat-Savarin faßte das Leitbild guter Köche in die Worte: „Die Entdeckung eines neuen Gerichts ist für das Glück des Menschengeschlechts von größerer Bedeutung als die Entdeckung eines neuen Gestirns."
Dies gilt gewiß für nebenstehendes Rezept oder auch für einige zuvor.

4 große Äpfel
30 g Butter
Saft von 1 Zitrone
10 cl Weißwein
½ Glas Maraschinokirschen
50 g Sauerkirschmarmelade oder -konfitüre
Puderzucker
Zimt

» Ein vortrefflicher Nachtisch sind die Weinäpfel, gut gekühlt, unter Zugabe einer Vanille- oder Schokoladensauce. Auch als köstliche Nascherei zwischendurch lassen sie sich natürlich variieren. Gleich in welcher Variation, man kann sie mit gutem Gewissen empfehlen. «

Äpfel schälen, vom Kerngehäuse befreien und in eine gebutterte Glasform setzen. Mit Zitronensaft und Weißwein begießen. Mit aufgesetztem Deckel und bei mittlerer Hitze ziehen, doch die Äpfel nicht zu weich werden lassen. Maraschinokirschen halbieren, mit der Konfitüre vermischen, in die Äpfel füllen, das Ganze leicht mit Puderzucker und Zimt bestäubt heiß servieren.
Anstelle der Maraschinokirschen eignen sich auch entsteinte Sauerkirschen, die mit etwas Weinbrand aromatisiert werden.

Heidelbeerwein

Seit alters werden in Thüringen fleißig Beeren und Kräuter gesammelt. Man hatte doch oftmals nur karge Vorräte, kannte hingegen auch die guten Wirkungen vieler Pflanzen. Heute ist solch eine Naturverbundenheit nicht hoch genug zu schätzen.

3 kg Heidelbeeren
1 Liter Wasser
300–400 g Zucker
je 1 Prise Zimt und Nelken

Heidelbeeren und Wasser etwa 15 Minuten lang „tüchtig“ zusammenkochen. Den Saft durch ein Leinentuch drücken und zugedeckt stehen lassen, damit sich das restliche Fruchtfleisch setzt. Dann den Saft vorsichtig abgießen und mit dem Zucker, etwas feingestoßenem Zimt und Nelken noch ein wenig kochen, abkühlen lassen, auf Flaschen füllen und die Flaschen nur locker verkorken. Wie allen Wein auch diesen im Keller aufbewahren – bis er zu seiner großen Stunde hervorgeholt wird.

» Über die Qualität thüringischer Weine in vergangenen Zeiten wird unterschiedliches berichtet. Von den Weinbaugebieten in Thüringen blieb nur eines übrig, das an Saale und Unstrut, heute im Land Sachsen-Anhalt gelegen. Wein und Sekt von dort sind jedenfalls nicht zu verachten. Aber da der heimische Weinbau sonst überall in Thüringen immer weiter zurückging und im 19. Jahrhundert schließlich ganz verschwand, mußten sich die Thüringer mit ihren selbstgemachten Obstweinen trösten. Kühl serviert, ist Heidelbeerwein ein belebendes Getränk. «

Warmbier

80–125 g Zucker
(je nach Bierart)
je 1 Stück Zitronenschale und Zimtrinde
1 Prise Salz
¼ Liter Wasser
1 Liter Bier
1½ EL Mehl
¼ Liter Milch
1 Ei

» Seit die thüringische Küche das Bier zu nutzen begann, ist es mehr als ein Getränk. Ebenso wärmend wie kräftigend an kalten Wintertagen ist das Warmbier, dem man auch in Thüringen, dem Land kräftiger Biertrinker, ganz gern mal den Vorzug gibt vor dem Grog. «

Wer sich nicht recht an dieses Getränk traut, dem sei versichert: Seine Grundlage wird ebenso aus Hopfen, Malz und Wasser gebraut, keinen Deut anders als bei jedem anderen reinen Bier. Nur was danach kommt, ist eine Spezialität besonders rauher Gegenden, zu denen die Rhön und Teile des Thüringer Waldes zählen.

Zucker und Gewürze in dem Wasser 5 Minuten kochen. Das Bier zugeben, aufwallen lassen und mit dem in der Milch verquirlten Mehl binden. Das Getränk mit Ei abziehen.

Die Rezepte nach Gruppen

Soweit in den Rezepten nichts anderes vermerkt ist, sind die Zutaten für vier Personen berechnet.

Vorspeisen, Salate, Suppen

Hauptgerichte mit Fisch, Fleisch, Wild und Geflügel

Klöße, Gemüse, pikante Kuchen

Süsse Aufläufe, Kuchen, Nachspeisen, Getränke

Die Rezepte alphabetisch

Soweit in den Rezepten nichts anderes vermerkt ist, sind die Zutaten für vier Personen berechnet.

Bildquellen
Hans Joachim Döbbelin: 19, 32, 54, 136
HB-Verlag: 18
Thomas Höpker/Agentur Anne Hamann: 10 u., 44, 50, 96
Huber: 27 u. (Dolder), 32/33 (Matheisl), 36 o. (R. Schmid)
Wolfgang Korall: 5, 48, 102
Tom Krausz/Focus: 20
Erich Lessing/Archiv für Kunst und Geschichte: 19 u.
Herrmann Michels: 10 o., 12
Dietmar Necke: 2, 6, 7, 11, 23, 29, 30, 35, 51, 64, 66
Sonja Reichert: 124
Roger Rössing: 13, 40, 41
Schuster: 14/15 (Jogschies), 21 (Bruell), 28 (Fieselmann), 74 (Guckes), 86 (Meier), 172 (Rangnow), 184 (Schiller)
Sigloch Bildarchiv: 42, 52/53, 82/83, 106, 128/129, 150, 152/153 sowie alle ungeraden Seiten von 55 bis 185 (Hans Joachim Döbbelin); 94 (Erhard Hehl); 34, 92, 106 (Günther Schmidt)
Anselm Spring/Agentur Anne Hamann: 8/9, 36 u., 45, 46, 47, 78, 80
Werner Unger: 22
ZEFA: 17 (Meier), 25 (Hackenberg), 27 o. (Hinz), 130 (Rosenfeld)

Impressum

Sigloch Edition & Co., Lettenstrasse 3, CH-6343 Rotkreuz

Reproduktion: Otterbach Repro, Rastatt
Satz: Setzerei Lihs, Ludwigsburg
Druck: W. Kohlhammer, Stuttgart
Papier: 135 g/m^2 BVS glänzend chlorfrei der Papierfabrik Scheufelen, Lenningen
Bindearbeiten: Sigloch Buchbinderei, Künzelsau
ISBN 3-89393-064-7

Die neue Linie

Auch Kochbücher sind Ausdruck ihrer Zeit. Die Vielfalt der deutschen Regionalküchen hat durch die neuen Bundesländer an Buntheit eine Menge hinzugewonnen, vergessene regionale Spezialitäten und bodenständige Gerichte erfreuen sich wachsender Beliebtheit.

Die neue Linie der Reihe „Kulinarische Streifzüge" widmet sich in einem umfangreichen Einleitungsteil verstärkt der Kultur, dem Land und den Leuten. So wird aus einem Kochbuch ein regelrechter Reiseführer, in dem alteingesessene Kenner einer Region ihre Zugehörigkeit und Liebe zum jeweiligen Landstrich in Anekdoten und Geschichten bekunden.

Großzügigkeit in der Text- und Bildgestaltung erlaubt Übersichtlichkeit, vermittelt optische Leichtigkeit. Dies kommt auch den Rezepten zugute: die Einteilung in Rezeptgruppen, die lebenden Kolumnentitel sowie die authentischen, modernen, aber nicht modernistisch übertriebenen Farbfotos der Rezepte werden durch Bilder zu Landschaft und Leuten ergänzt und bringen dem Leser die Charakteristika einer Region auf schmackhafte Weise näher.